京都　歴史・物語のある風景

瀧本和成　編著

嵯峨野書院

はじめに

本書は、〈京都〉の歴史・地理・文学を中心に文化や芸術面を視野に入れて、さまざまなテーマを設定し、主に先の三視点からアプローチし、その特質や魅力を探ったものである。

当書の特徴は、主要テーマを設定し、それに相応しいもっとも象徴的な〈京都〉の場（所）に注目して、一つひとつ丁寧に歴史的推移やその背景を調査し、時代による場の変遷や変容について探求したことにある。典拠となる文献や史料を精確かつ綿密に示すことも重要だと考え、文章中引用している文芸作品だけでなく、事件や人名等に関しても正確さを期して、文献や資料等を丁寧に記すことに心掛けた。そうした基本的態度を把持しながら、各テーマに沿って主として三分野から論説した。

テーマごとに〈京都〉、あるいは〈京都〉文化が時代の変遷を経てどのように変貌を遂げていったのか、その方向性や内実を踏まえながら、現在〈京都〉が抱える問題や課題を浮き彫りにすることが本書の企図である。たとえば文学の場合、作家たちが〈京都〉をどのように描いているか。個々の芸術観（・美意識）や問題意識、視点の違い等を分析、指摘したうえで、〈総体〉として浮かび上がる《京都》のイメージ及びその実体に迫れたらと考えている。そのうえで、あらためて〈京都〉の地が育んだ文化・芸術についての価値・役割を再認識することを目標とする。歴史（学）、地理（学）、文学など、それぞれの学問領域からのアプローチが立体化され、〈京都〉文化・芸術空間として照射できていれば、本書の目的は果たされている。

書名を『京都　歴史・物語のある風景』としたのは、たんにきれぎれの事項や事象を寄せ集めたのではなく、一つひとつの項目がやがて〈京都〉という時空間のなかで人間を介して繋がり、重なり合い、それぞれの物語を紡ぎ出していることを執筆者三人が感得したからである。〈京都〉を舞台にしたさまざまな場面で、読者の皆様と共に追体験できる場が提供できていれば、これほどの喜びはない。〈京都〉の魅力を探る旅やフィールドワークの一助になれば光栄である。

此書が刊行できる運びとなったのは、出版の意義とその必要性をご理解いただき、ご尽力くださった嵯峨野書院の中村忠義氏と校正作業でわれわれ執筆者を支えてくれた編集の小川眞貴子氏のおかげである。執筆者を代表して謝意を申し上げたい。

二〇一五年五月

編著者　瀧本和成

もくじ

京都　歴史・物語のある風景

I　寺社をめぐる歴史・物語

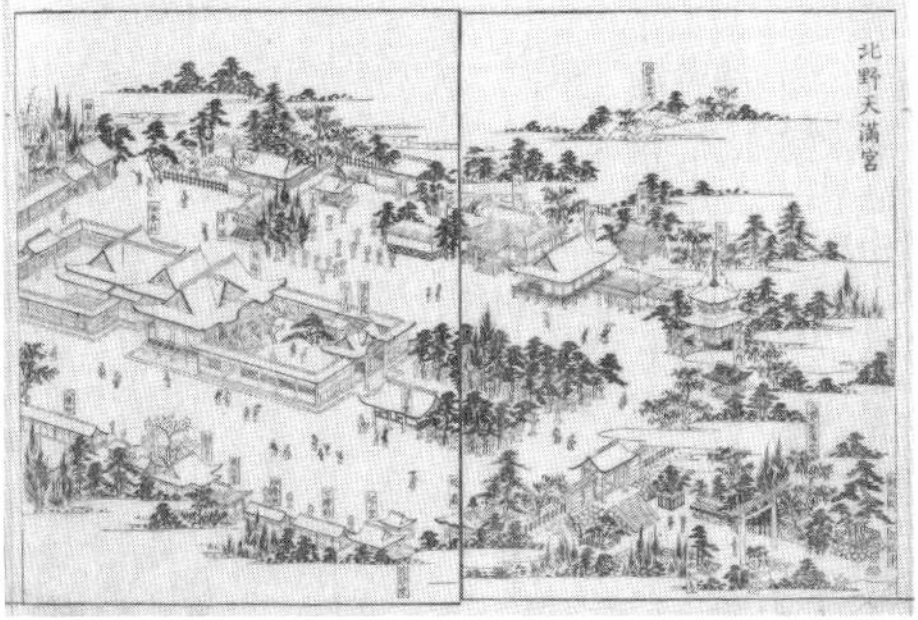

北野天満宮（都名所図会）

円山安養寺（都名所図会）
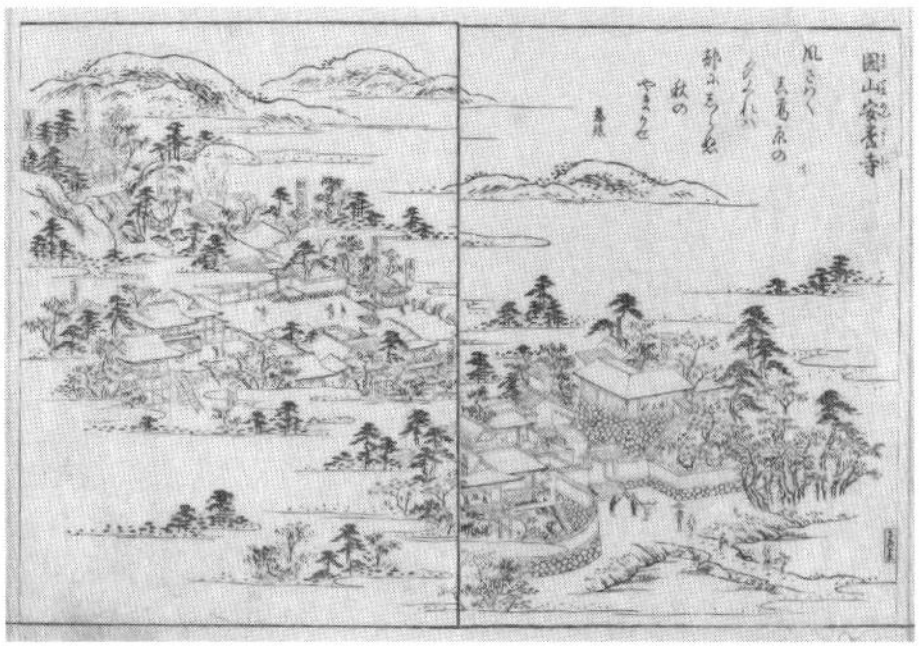

1 禅寺のなかの聖と俗
―水上文学をめぐって―

❖作品の概要

「雁の寺」は、水上勉が四二歳のとき、一九六一（昭和三六）年三月、雑誌『別冊文藝春秋』に発表された直木賞受賞作品である。[1] この小説は、衣笠山山麓にある孤峯庵という禅寺が舞台となっている。この寺で得度を受けたばかりの堀之内慈念が修業をしながら、大徳寺にある中学校へ通っている。慈念は頭が大きく体軀が小さないびつな容貌をした少年として形象されている。この寺には京都画壇に名を馳せた岸本南獄筆の雁の襖絵が描かれている。桐原里子は南獄の囲いものだったが、死後孤峯庵住職の北見慈海の内妻となる。同じ寺内に暮らすなか、里子は慈念の無表情な冷たさを不気味に思うが、捨て子であって外観の醜さからいじめられている孤独な身の上に同情もする。そんなある日、慈海和尚の姿が消える。そして、襖絵に描かれた「松の葉蔭の子供雁と、餌をふくませている母親雁」の母親雁が破り取られていたのだった。祝福されて生まれることなく、生まれながらにして拒否されているのだという絶望の思いから抜け出せない慈念の、激しい憎悪と残忍な殺意を描いた作品である。

(1) 水上勉『雁の寺（全）』文春文庫、二〇一二年。

❖作品のモデル・エピソード

作品中に登場する〈雁〉の襖絵は、相國寺《しょうこくじ》塔頭瑞春院仏間の襖絵がモデルだが、実際にそこに描かれている絵は、今尾景年の筆によって描かれた〈孔雀の親子〉である。それが作品では〈雁〉となっている。この小説は、一九六二（昭和三七）年に川島雄三監督によって映画化（脚本＝舟橋和郎・川島雄三、撮影＝村井博、キャスト＝高見国一〔慈念役〕、若尾文子〔里子役〕、三島雅夫〔慈海役〕、配給＝大映）されている。撮影に先立って水上勉と川島雄三の二人が瑞春院を訪れたときの様子が、水上勉の「雁帰る」(2)で述べられている。

> 映画監督の川島雄三さんが、たいそう原作にほれてくださって、どうしても映画にしたい、といい、ついてはあんたの育った寺をみてみたいといわれて、私たちは、この秋はじめに京都にゆき、瑞春院をたずねている。

このとき作家になってはじめて瑞春院を訪ねた水上勉は驚いたという。なんといままで襖絵が〈雁の親子〉だとばかり思っていたところが、実際に描かれていたのが〈孔雀の親子〉だったからである。この作品は、作者が幼少時経験したこの塔頭での厳しい修業の体験と記憶がモチーフだが、絵の記憶が違っていたのは興味深い。そしてさらに驚いたことに、このときはじめて通された上間の間（修業時代には足を踏み入れられなかった）になんと、〈雁の親子〉の画（上田萬秋筆）が描かれていたことである。この因縁の深さに二度までも驚嘆した水上勉は、後に講演のあるたびにこのエピソードを語ったと言われている。

（2）水上勉『雁帰る』徳間書店、一九六七年。

❖作者水上勉――その生い立ちと作品のモチーフ

水上勉は、一九一九（大正八）年三月、福井県大飯郡本郷村（現在のおおい町）に四男一女の次男として生まれている。父（覚治）は宮大工だったが、家にはめったにおらず、母（がん）が女手ひとつで子供たちを養った。このころの様子を水上勉は次のように記している。

喧嘩はいつも陰湿だった。時には父が母を撲りつけるのを見た。ねっちりと母をやりこめることがあった。母は泣いていた。しくしく泣くのである。眼をはらして、子どもにかくれてしくしく泣く母を、私は三つごろから何ど見たことか。

（『骨肉の絆』[3]）

母は思いあまって、私たちを連れて若狭の海べりにゆき、死のうとしたことがある。つまり、母子心中を思いついたわけだ。ところが、海へ行く途中で思いとどまって、また村へ帰る決心をし、死んだつもりで、働きはじめたという。何も知らないわたしたちは、母に手をひかれて命を拾った。

（『失われた心』[4]）

右の回想でもわかるとおり、夫婦関係、経済状況ともに良くないなか、勉少年はいわゆる口減らしのため、一九三〇（昭和五）年一〇歳の折、京都・相國寺塔頭瑞春院の徒弟となることを余儀なくされ、親元を離れるのである。水上は京都での修業時代をこのように語っている。

京にきてから休むひまはなかったのである。学校は、烏丸通りのすぐ北にあった室町第一小学校である。朝五時に起床。掃除、食事の用意。赤ちゃんのおむつ洗い、それから登校。授業を終えて走り帰ると、赤ちゃんを背中におんぶして、庭の草取り、といった生活がはじまった。

（『わが六道の闇夜』[5]）

（3）水上勉『骨肉の絆』筑摩書房、一九八〇年。

（4）水上勉『失われた心〔新装版〕』文和書房、一九七九年。

（5）水上勉『わが六道の闇夜』中央公論新社、一九七七年。

寺の生活はきびしく、若狭の母のことばかり頭にうかべて泣きくらしたが、最初の夏が来、表庭の百日紅が淡桃の花を咲かせたのをみて、私は、また母や菩提寺のおばさまのことを思って泣いたものだ。

（「草木の声」[6]）

勉少年が、瑞春院本堂の襖に描かれた母子鳥の絵（今尾景年筆）を見ながら、母が恋しくて何度も涙を流したというのは、この時期であろう。寺での生活が辛くてとうとう勉少年は脱走する。

私は、九月はじめに、瑞春院をパンツにランニングシャツ姿で逃亡している。寺を出ても、若狭へ帰る勇気はなかった。父や母が悲しむことは分かっていたし、また、この父や母が怒ることも分かっていた。私は父母の夢を裏切ったのだった。故郷へ帰れぬ人間になった。しかたなく、八条坊城の伯父の店へ行った。

（「ものの聲ひとの聲」[7]）

一九三二（昭和七）年、勉少年は瑞春院を脱走、すぐに引き戻され、別の塔頭玉龍庵に入れられている。その後一一月、等持院に移ったが、長続きせず、右記に述べられているように、下京区八条坊城にあった伯父の下駄屋で働くこととなる。

この〔等持院の――筆書注〕小僧たちは、私が入山してゆくと、待ってましたとばかりに、シゴキにシゴいたのである。私は食事の最中にたべる音をさせたといって、拍子木で頭をなぐられたり、朝寝坊をしたといって真冬に水をあびせられたり、掃除をさぼったといってよってたかって踏み倒されたりした。そんな時の小僧たちは、けもののような眼をして、私をにらみつけ、自分たちの欲求不満を、私を撲ることで満足させていた。それは、ちょうど、監獄の様相に似ていた。今日になっても、私が集団生活を嫌悪する向きがあるのは、この少年時代の恐怖があるからにほかならない。

（「片陰の道―私の昭和史―」[8]）

(6)水上勉『草木の声』文化出版局、一九八〇年。

(7)水上勉『ものの聲、ひとの聲』小学館、一九八〇年

(8)水上勉『片陰の道―私の昭和史―』現代史出版会、一九七九年。

衣笠山山麓にある孤峯庵は、相國寺から移り修業した衣笠・等持院が舞台のモデルとなっている。

❖作品の主題・テーマと作者の意図

作品の主題は、登場人物それぞれの形象を通して示されている。慈海の描写からは、性欲、金欲、所有欲などがぎらぎらした形で描かれており、（仏教界でも修業が厳しく、おのれに厳しい戒律を布くことで有名な）禅宗からはまったく無縁な僧として描出されている。俗物としての僧。京都寺院を舞台に形骸化（仏教界の腐敗を象徴）したその姿を浮き彫りにしている。聖とかけ離れた形に変容した仏教寺院への（内からの）批判ともなっている。

また、日本画家南嶽の描写は、権勢欲、所有欲、性欲などきわめて俗な人間でありながら、絵画にかける執念は見るべきものありとする。南嶽の形象を通して人間存在の醜悪さと芸術表象の乖離《かいり》が見事に批判的に描かれている。

慈念は、勉少年の分身であり、（みずからの幼きころの体験を追体験するかのように）自身のアイデンティティーの形成を描いた作品とも言える。少年の純粋な視線から大人の醜悪さを凝視した作品ともなっているが、慈海を殺める（!?）行為のなかに人間が持っている本性、つまり「業」なるものの根深さと孤独と愛欲が持つ危うさが犯罪行為として表出されている。

里子の描写からは、すべて彼女が事件の要であると考えられるが、本人には自覚されていないような存在として形象されている。里子を取り巻く三人の男性たちの醜悪さを鮮やかに演出する役割を担っていて、主役であると同時に照射役である。

写真１　等持院（外観）

写真２　等持院（庭）

作者は、「京都は私には苦しかった少年時代の『苦の都』に相違ないけれど、それだけに、私にはこれからも渓流の石ころを掘りおこすようにして、忘れた雁を取りもどしたいと思うに似た愛着がわきつつある」[9]と述懐しているように、厳しかった京都での修業時代を髣髴《ほうふつ》させる形で、仏教寺院を舞台にあらゆる煩悩と憎悪がうごめく人間模様として結晶化させた作品として読まれるべきであろう。

京都はスリ鉢の底のような町で、夏は暑いし、冬は凍てるほど寒い。こんな町が、応仁の乱以来、いくたびの戦火をあび、むしかも今日、古い寺や庭を温存して息づいているのであるから、京都人の生活の根は日本で最も古いといわねばならない。そういう伝統と風土が、複雑な京女を育てた。いまはもう少なくなりつつあるが、京都の古い型の女性は、一年の生活を暦の中にわりふって生きた。つまり、一月から十二月まで、京都には、たえず祭や行事があって、これが季節の便りであるとともに、生活の移行でもあり、楽しみでもあった。たとえば、北野梅花祭がくるし、春の着物を出すし、葵祭がくると、単衣を出す、時代祭はそろそろ秋冬の支度である。季節や自然を生活の中に溶けこませた調和の美しさは、日本じゅうどこの町の女性よりもきらびやかというよりはみやびをおびていた。それに、言葉があの調子でやわらかいときていては、世の男性が魅きつけられるのも無理はない。私など人語に落ちない方だが、しかし、この躾のよさは京女の美しさとなっても、反面、じつに冷たい氷の背中がくっついていることを男性は知らねばならない。

（「京の川」[10]）

水上勉文学に〈京都〉を舞台にして京女を描いた作品が多く見られるのも、右文の理由による。日本のあらゆる文化伝統を支えた「生活の根」に京都あるいは京都人を観ている鋭い眼差しがう

(9) 前掲、注2。

(10) 水上勉『京の川』新潮社、一九六五年。

かがえる。「雁の寺」はまさにその出発を告げる作品であり、その背後には裏側の京都（人）の本質がえぐられている。そこに水上文学の真骨頂がある。

京のこぼれ話

筆名「水上勉」の表記と呼び名の変遷

水上務（みなかみ・べん）「日記抄」（1939年）⇒水上若狭夫（なかみ・わかさお）「雲濱の歌」（1944年）⇒水上若狭男（みなかみ・わかさお）「秋風の記」（1946年）⇒水上勉（みなかみ・べん）「耳」（1960年）⇒水上勉（みなかみ・つとむ）「火の笛」（1960年）⇒水上勉（みなかみ・べん）「虚名の鎖」（1961年）⇒水上勉（みなかみ・つとむ）「五番町夕霧楼」（1963年）⇒水上勉（みずかみ・つとむ）日本文藝家協会総会での発言「やっぱりミズカミツトムでゆきたいと思う」（1986年），「図書」（岩波書店，1987年）

2 洛西の禅寺

❖ 禅寺と京都

「京都らしい風景」とはどのような風景かを問われたとき、寺社仏閣をあげる人は多いだろう。とりわけ禅寺は、もっとも京都らしい風景を形作るものとして、ガイドブックや写真集などに取り上げられることが多い。しかしこの禅寺は、本当に「京都らしい」ものといえるのか。京都の歴史・文化論の第一人者である林屋辰三郎氏は、次のような名言をのこしている。

それにしても京都の禅寺は、一般には最も京都的なところのように考えられ、とくにその茶室や庭園がいつも歎賞される。それを異質的とすれば、あるいは奇異にきこえるかもしれない。しかしこの禅寺のもつ印象は、決して京都という土地によって規定されるのではないと思う。従って禅寺への道やそれをつつむ自然に京都という土地がらが感ぜられても、禅寺じしんは京都に限らない存在である。それはどちらかといえば、鎌倉的といった方が当っていよう。わたくしには、京都五山の境域が、ときには鎌倉という国の租界のようにさえ感ぜられることがある。

（林屋辰三郎『京都』岩波新書、一九六二年）

このように林屋氏は、禅寺を「京都的」ではなく「鎌倉的」であると捉えているのである。こうした見方の前提には、中国からもたらされた禅宗が最初に本格的に花開いたのは、鎌倉の地であり、鎌倉幕府によって保護された禅宗が室町幕府によって京都に持ち込まれ発展したという歴史理解が存在しよう。実際、すでに鎌倉時代末期には京都に建仁寺・東福寺をはじめとする禅宗寺院が創建されていたものの、京都における禅宗の本格的な発展は、やはり室町幕府による五山制度の確立によるところが大きい。したがって室町幕府の成立と、京都における禅宗・禅寺の発展とは、密接不可分の関係にあったということになる。室町幕府将軍となる足利氏が、もともと源氏の流れをくみ鎌倉幕府で重んぜられる位置にあったことをふまえれば、その足利氏の庇護を受け発展した京都の禅寺を「鎌倉的」とする林屋氏のような見方も成り立ちうるといえよう。

さて、京都の中でもとりわけ洛西地域には、室町幕府の興隆した禅宗寺院が多くのこっている。今日多くの観光客をあつめる鹿苑寺（金閣寺）は、その代表であろう。鹿苑寺にほど近い北野白梅町から京福嵐山電鉄（嵐電）に乗って嵐山に向かうと、「等持院」駅・「鹿王院」駅いずれも、足利氏ゆかりの禅寺を冠した駅名が現われ、終点嵐山駅を降りると目の前には天龍寺がある。これらの寺院のほとんどは、南北朝時代から室町時代の初期、つまりは室町幕府初代将軍足利尊氏から三代将軍義満が活躍した時代、室町幕府が京都に確立していく過程で建造されたものであった。以下、それぞれの寺院の歴史について、見ていくことにしよう。

❖洛西の禅寺①―天龍寺と鹿王院

室町幕府の成立とかかわって、まず取り上げねばならないのは天龍寺である。天龍寺は、足利尊氏・直義兄弟が、暦応二（一三三九）年に吉野の地で亡くなった後醍醐天皇の菩提を弔うため造営したもので、もとは暦応寺《りゃくおうじ》とよばれていた。後醍醐天皇の帰依を受け、かつ鎌倉幕府執権北条高時の請により鎌倉に滞在したこともある夢窓疎石《むそうそせき》を開山とし、造営された。貞和元（一三四五）年、後醍醐天皇七回忌に合わせ落慶供養が営まれている。もともと尊氏は、元弘三（一三三三）年に後醍醐天皇に呼応して鎌倉幕府を倒したのであるが、建武政権が樹立されてのち、叛旗を翻し、独自に光厳天皇をうちたて（北朝）、京都に室町幕府を開いている。後醍醐天皇はその死にあたり、「玉骨ハ縦《たとい》南山（＝吉野山）ノ苔ニ埋ルトモ、魂魄ハ常ニ北闕（＝京都）ノ天ヲ望ント思フ」（『太平記』「先帝崩御事」）との言葉をのこしたといわれ、また天龍寺の造営された地はもともと後醍醐天皇が祖父亀山天皇から伝領した離宮亀山殿のおかれた地であった。天龍寺造営の背景には、かつて天皇の帰依を受けていた夢窓の説得と、尊氏の天皇に対する贖罪意識、さらには幕府の威信の公示があったといわれている。このようにして造営された天龍寺は、はじめ京都五山の第二位に列していたが、至徳三（一三八六）年に南禅寺が五山の上に置かれたため第一位となった(1)。

その天龍寺の東にたたずむ鹿王院は、もとは宝幢寺《ほうどうじ》とよばれ、康暦二（一三八〇）年に室町幕府第三代将軍足利義満が夢窓疎石の甥春屋妙葩《しゅんおくみょうは》を開山として創建し、その開山塔を鹿王院と称したことが知られる(2)。本院の舎利殿には、鎌倉幕府第三代将軍源実朝が宋から請来したとされる仏牙舎利（釈尊の歯）がまつられている。足利義満は厚い舎利信仰をもち、義満にとって仏牙舎利は「武家政権の正当性・権威を象徴する〈宝物〉」であった(3)。祖父尊氏の開いた幕府の京都支配をいよいよ盤石なものとしつつあった義満の精神的よりどころとして、大きな意味を持った寺院

(1)奈良本辰也監修・大本山天龍寺編『天龍寺―嵯峨野に刻まれた五山巨刹の盛衰―』東洋文化社、一九七八年。
(2)前掲、注1。
(3)西山美香「足利義満の〈宝蔵〉としての宝幢寺鹿王院」（松岡心平・小川剛生編『ZEAMI―中世の芸術と文化 04 足利義満の時代―』森話社、二〇〇七年）。

であったといえよう。

❖洛西の禅寺②—等持院と鹿苑寺金閣

鹿王院から太秦方面をさらに東へ向かった立命館大学衣笠キャンパスのすぐそばには、等持院がある。暦応年間（一三三八〜四二年）に足利尊氏が夢窓疎石を開山として中興した後、二代将軍義詮によって天龍寺の末寺とされた(4)。『太平記』「将軍御逝去事」に、「中一日有テ、衣笠山ノ麓等持院ニ葬シ奉ル」とあるように、延文三（一三五八）年に尊氏が亡くなり等持院で葬られて以後、歴代の足利将軍の葬送は等持院で行われるのが慣例となり、等持院は足利氏の菩提寺としての地位を確立していく。また代々の将軍の、死後まもない姿をうつした等身俗体の木像がまつられるようになった。このような等持院と足利氏の結びつきは、とくに尊氏の孫義満が、応永四（一三九七）年に衣笠山の南東・北山の地に舎利殿金閣を含む御所北山殿を造営するに及びいっそう強められ、等持院境内の整備が進むとともに、日明貿易とかかわる明使の宿所にあてられるなどした(5)。

さて第三代将軍足利義満は、すでに永和四（一三七八）年、北小路室町に有名な「花の御所」を構えていたが、急速な官位昇進や京都支配権の掌握、南北朝合一をはたしながら、武家のみならず公家をも統《す》べる立場となっていく。すでに将軍職も子の義持に譲り、強大な権力を持った義満が「院政」をしく場として建てたものが、北山殿であり金閣であった。すなわち、現在は洛西の観光地として知られる金閣寺一帯は、かつては国家の政庁の所在地であったということになる(6)。義満が明との国交をひらき、この北山殿で「日本国王」あての明皇帝の勅書を受け取ったことは

(4)立命館大学編『洛西探訪—京都文化の再発見—』淡交社、一九九〇年。

(5)細川武稔「足利義満の北山新都心構想」（中世都市研究会編『中世都市研究15 都市を区切る』山川出版社、二〇一〇年）。

(6)佐藤進一『足利義満—中世王権への挑戦—』平凡社、一九九四年（初出は一九八〇年）。今谷明『室町の王権』中公新書、一九九〇年。

よく知られている。義満死後、第四代将軍義持は日明貿易を中止するなど、父とは異なる政治姿勢を見せつつ、応永二六（一四一九）年、北山殿の大半を解体・移築し、舎利殿を核として新たに「鹿苑寺」を創建した。これを「金閣寺」と呼ぶことが一般化するのは、江戸時代半ばの享保二〇（一七三五）年の頃のことであるという。[7] 現在の金閣寺に、かつての政庁のあとをみるのは容易なことではないが、金閣が、鹿王院に所在するものと同じ「武家政権の正当性・権威」を示す舎利殿であるというところに、往時の義満による政治のありようがしのばれる。

以上、洛西の禅寺の歴史をたどってみた。今日、「京都らしい」イメージを喚起させるもののひとつとなっている禅寺の興隆には、はるか昔の京都に起きた足利氏による室町幕府の樹立が大きく影響している。京都文化は、「みやびな」公家の文化としてひとくくりにされかねない側面をもっているが、武家のつくった京都文化もたしかに存在することも忘れてはならないだろう。

(7) 下坂守「鹿苑寺の歴史」『鹿苑寺と西園寺』思文閣出版、二〇〇四年。

3 比叡山延暦寺

❖延暦寺の歴史

平安京の鬼門に位置する比叡山は、今も京都の東北に美しくそびえ、街中にいても、バスに乗っていても、また西山を歩いていても、たいていの場所から目にすることができる山である。今から約二五〇万年前、地殻の大変動によって近江盆地・京都盆地が陥没し、土塁状にとりのこされてできたのが比叡山であるといわれている。古代から大山咋神《おおやまくひのかみ》の鎮座する神山、修行の好処であり、(1)最澄の入山を契機に、延暦寺の所在する山として知られるようになった。

昔から近江の地は、渡来人の居住する地として知られ、比叡山に延暦寺を開いた最澄もまた後漢の孝献帝の後裔であった。(2)延暦四(七八五)年七月に初めて比叡山へ登った最澄は、延暦七(七八八)年、薬師如来を本尊としてまつる一乗止観院(後の根本中堂)を創建している。その後延暦二一(八〇二)年、日本を出発し、翌年入唐をはたした。まず天台山で天台の付法を受け、天台の聖教を書写するなどしたのち、越州龍興寺で灌頂伝授を受け、灌頂道具等を授けられたほか、真言等の聖教を得ている。さらに、明州開元寺、寿州草堂寺の僧から密教作法をも学び、帰国の

(1)武覚超『比叡山三塔諸堂沿革史』叡山学院、一九九三年。

(2)村山修一『比叡山史―闘いと祈りの聖域―』東京美術、一九九四年。以下の記述は本書に拠る。

途についた。そして、現地で得た資料や法具類の目録を作成したのである。このとき作成された目録のうち、「越州請来目録」は、現在においても国宝として延暦寺に伝来しているが、「台州請来目録」は織田信長の焼き討ちのときに焼失してしまったという。

帰国後の最澄は、天台法華宗を国家公認の教団として認めてもらうようはたらきかけ、公認されるが、その後は次第に、独自の大乗戒壇をもつことを志向するようになった。弘仁九（八一八）年に「山家学生式」を制定して嵯峨天皇に提出し、天台の目的に合致する大乗菩薩僧の養成が、国家にとっても必要だと主張している。このとき、「国宝とは何物ぞ、宝とは道心なり、道心ある人を名づけて国宝となす」、「一隅を照らす者これ国宝なり」という著名な言葉がつづられた。しかし比叡山に大乗律の戒壇を設置することを、南都系の僧綱が反対したため、最澄の生前に、戒壇設置することはできず、死後の初七日にあたる日、すなわち弘仁一三（八二二）年六月一一日にいたって、ようやく戒壇設置の勅許がおりたのである。最澄の死後、最澄の堂塔伽藍構想のもとで、宝塔の建立がすすみ、東塔《とうとう》・西塔《さいとう》・横川《よかわ》の「三塔」が比叡山上におかれることになった。

その後の延暦寺は、九世紀の円仁門徒・円珍門徒の抗争、一〇世紀に始まる「僧兵」の活躍、一三世紀以降本格化する金融活動、一六世紀の織田信長による焼き討ちと江戸幕府による再建……等々、宗教的というよりはむしろ政治的・経済的な勢力として歴史の表舞台にあらわれる。白河法皇が三不如意のひとつに数えたことで有名な「山法師」とは、延暦寺の僧徒、いわゆる「僧兵」をさしており、延暦寺の政治権力としての側面を体現する存在であった。彼らは「集会《しゅうえ》」とよばれる合議により提起された訴えが朝廷に認められない場合、比叡山の東麓（現在の滋賀県大津市）に鎮座する延暦寺の地主神・日吉大社の神輿を担ぎ出して入洛《じゅらく》し、強訴（嗷訴《ごうそ》）を行ったのである。

ただしここで注意しなければならないのは、すでに黒田俊雄氏が指摘しているように[3]、「僧兵」という言葉じたいは、江戸時代の正徳五（一七一五）年に刊行された『閑際筆記』（藤井懶斎『日本随筆大成』第九巻）に「本朝中世ノ僧兵甚盛ナリ」とあるのを古い例としていることである。すなわち中世には「僧兵」という言葉はなく、「大衆」「衆徒」とよばれる集団が武装をし、合戦をおこなうのは当然と理解されていた。したがって、「僧兵」という言葉には、「僧侶が武装するのは不届で僭越だとする、江戸時代の武士の独善的特権意識と仏教への排斥・蔑視の価値観がこめられている[4]」という。

このように後世「僧兵」とよばれるに至った延暦寺の「大衆」・「衆徒」の武力・政治経済力は、元亀二（一五七一）年の織田信長による焼き討ちによって壊滅的な状況に陥る。信長軍は、琵琶湖から坂本に乱入して堂舎や日吉社を焼き払ったのち、比叡山へと攻めのぼり、堂塔に放火し、また僧侶・俗人三、四千人を斬り捨てたという[5]。こののち、豊臣秀吉ついで徳川家康、家康の帰依をうけた天海らにより再建事業がすすめられ、徳川三代将軍家光の時代に至ってようやく根本中堂と大講堂の再建がなった[6]。信長の焼き討ちは、堂塔と人命ばかりでなく、焼き討ち以前に各塔が所蔵していたであろう多くの資史料を失わせたという点で、比叡山の歴史の解明に大きな損失をのこしている。

❖延暦寺と祇園社・北野社

さて、以上のような歴史をもつ比叡山延暦寺は、実は思いがけないところで、京都の歴史・文

(3)黒田俊雄『寺社勢力―もう一つの中世社会―』岩波新書、一九八〇年。

(4)前掲、注3、三一―三二頁。

(5)『言継卿記』九月一二日条、および前掲、注1・注2。

(6)前掲、注1。

化に様々な影響を与えている。たとえば、祇園社（現在の八坂神社）や北野社（現在の北野天満宮）といった京都の代表的な神社は、平安時代より、神仏習合のもと比叡山延暦寺と本末関係にあった。そのため、祇園社・北野社の組織のトップには、延暦寺僧が据えられ、延暦寺の差配を受けながら運営がなされるしくみとなっており、運営の実務は神官ではなく「社僧」とよばれる人々が担ったのである。そして延暦寺の「僧兵」が神輿入洛をとげる際には、祇園社・北野社からも神輿が担ぎ出され、強訴に協力した。祇園社の社僧が「受戒」をする場は、延暦寺であったし（『八坂神社記録』）、北野社拝殿の灯は、延暦寺根本中堂の火をもらい受けたものであった（『北野社家日記』）。現在、北野天満宮の表玄関ともいえる一ノ鳥居前には今出川通が走っているが、今出川通を横断する際、東に目をやると、大きくそびえた比叡山が真正面にみえる。この地がかつて北野社境内であったことを思えば、本寺を仰ぐのに絶好の位置に末社が位置したことがわかる（写真1）。

こうした本末関係は、神社の祭礼にも影響を与えている。京都三大祭のなかでも最も多くの観光客でにぎわう祇園祭もまた、かつては延暦寺の影響を強く受けていた。もともと祇園祭において、神輿の御幸・還幸の費用である「馬上役《ばじょうやく》」を負担したのは、院政期には五条ないし六条以北に住む「祇園会敷地住人」であったといわれている。(7) しかし南北朝末期の至徳年間（一三八四～八七年）に、室町幕府によって新たな調達システムが編み出され、延暦寺配下の京都の土倉《どそう》・酒屋《さかや》とよばれる金融業者が負担することになったのである。(8) 彼ら土倉・酒屋の納める税はまた、室町幕府の重要な財源となっていた。よって室町時代の京都において、延暦寺の存在は、幕府の運営と祇園祭の運営の両面において欠かすことのできない存在であったといってよいだろう。そのた

写真1　今出川通から眺めた比叡山

(7)瀬田勝哉「中世の祇園御霊会―大政所御旅行と馬上役制―」（同氏『洛中洛外の群像―失われた中世京都へ―』平凡社、一九九四年）。

(8)下坂守『中世寺院社会の研究』思文閣出版、二〇〇一年。

め延暦寺の強訴により、祇園祭が延期されるという事態もたびたび起こったのである。反面、室町幕府の盛衰が延暦寺に与える影響も大きく、幕府の滅亡・信長の焼き討ちにより、延暦寺の京都支配もまた壊滅的な状況となった。

今から十数年ほど前の一九九四（平成六）年に、延暦寺は世界文化遺産として登録された。その前年、ユネスコ調査員が延暦寺へ調査に来た際、千日回峰行の行者や、最澄の廟所である浄土院の僧の姿に感動したという。このうち浄土院の僧は、一二年もの間一歩も比叡山の外へ出ず、明け方に起床し、自分で食事を作り、朝の勤行をしてから朝食をいただき、午前一〇時には昼食を作って本尊に供え、数十回礼拝をし、昼の勤行をし、午後四時に、夕座の勤行をし、残りの時間は掃除と学問をしてすごし、テレビ・新聞を一切見ない生活を続けているという(9)。最澄入山以後、ときに多大な政治力・経済力によりその名をはせ、それゆえに制圧の対象ともなった比叡山延暦寺の長い歴史を支えてきたものが、このような信仰・勤行の力にあることを、忘れてはならないであろう。

(9) 渡辺守順『比叡山延暦寺　世界文化遺産』吉川弘文館、一九九八年。

写真2　渡月橋から眺めた比叡山

4 祇園祭の歴史
―山鉾巡行を中心に―

❖ 祇園祭・山鉾巡行の成立

祇園祭は、数ある京都の祭のなかで最も有名な祭であるといっても過言ではなかろう。その歴史は古く、遅くとも九世紀後半には確立していたと考えられる。祇園社（現在の八坂神社）の祭神である外来の神「牛頭天王」の力によって、都市に蔓延する疫病を祓うため創始されたといわれている。その後一一世紀後半には、六月七日の神輿迎《みこしむかえ》と一四日の還幸《かんこう》から成る「神輿渡御《とぎょ》」の形式がととのい、馬長《うまおさ》・田楽・舞人などのつき従う、大変華やかな祭礼となった[1]。その祭礼費用は、京中の富裕な家によって賄われ、特に五条あるいは六条以北の「祭礼敷地」の住人が負担していたという[2]。

そして一四世紀になると、従来の神輿渡御に加え、新たに「山鉾巡行」が本格的に登場してくるようになる。すなわち数十基もの山鉾が、下京を中心とする町々によって用意され、祇園社の主催する七日の神輿迎・一四日の還幸と同日に京中を巡行するようになった。この山鉾巡行は、後述するように代々の室町将軍も見物するなど、多くの見物者を集め、祇園祭のにぎわいをいっ

（1）脇田晴子『中世京都と祇園祭―疫神と都市の生活―』中公新書、一九九九年、など。
（2）瀬田勝哉『洛中洛外の群像―失われた中世京都へ―』平凡社、一九九四年。

そう華やかなものとした。その運営費用はどのように調達されたのか、不明な点は多いが、一条兼良の『尺素往来』に「在地之所役」という言葉がみられ(3)、山鉾を出す在地（町）の人々が負担した可能性を想定することができる（神輿渡御の負担者については、本書I3「比叡山延暦寺」を参照）。

その後一五世紀後半、有名な応仁・文明の乱が起こり、京都が戦火につつまれると、祇園祭も中止となり、三三年にわたる中止期間をへて明応九（一五〇〇）年に至りようやく再興されることとなる。しかし応仁・文明の乱以前には六〇基あった山鉾は、乱後、二六～三六基に減少したという(4)。天文二（一五三三）年、延暦寺の申し入れによって祇園祭が延引となった際には、「下京ノ六十六町ノクワチキヤチ《（月行事）》共、フレ《（触）》ロ、雑色ナト」が、「神事無之共、山ホコ《（鉾）》渡シ度」という言葉を発したことはよく知られている(5)。ここから山鉾巡行が、「月行事」を中心とする京都の地縁組織（「町」）の自治と、非常に密接な関係にあったことがわかる。

❖江戸時代以降の山鉾巡行

一七世紀、江戸時代に入ると、京都の町組の整備に伴って、山鉾費用を負担し山鉾を立てる鉾町と、費用を負担しつつ運営を助ける寄町とが定まるなど、山鉾巡行と町の運営体制とがより連動したものとなっていく。また山鉾が大型化するとともに、その数も、三三基に定まった。さらに一八世紀には、祇園の芸妓による練物もはじまり、芸妓の一行が仮装をしながら夜の祇園の町をねってゆき、遠来の客をよぶほどのにぎわいをみせた(6)。また、京都の観光都市化に伴い、『祇園会細記』をはじめとする祇園祭の案内記が刊行されるようになり、山鉾の由来や特徴などが広く

(3)『群書類従』第九輯、文筆部・消息部、群書類従完成会、一九三二年。
(4)河内将芳『中世京都の都市と宗教』思文閣出版、二〇〇六年。
(5)「祇園執行日記」天文二年六月七日条。
(6)『京都の歴史6 伝統の定着』学藝書林、一九七三年。
(7)川嶋将生『祇園祭―祝祭の京都―』吉川弘文館、二〇一〇年。

紹介されるに至ったことも指摘されている。(7)

幕末動乱期、元治元（一八六四）年の禁門の変により京都の町が焼けると、山鉾もまた罹災することとなり、翌年の巡行は、一四日の後祭にかろうじてわずか三基の山が巡行したのみであったという。明治二（一八六九）年から復興が始まるものの、昭和二七（一九五二）年にようやく再建の始まった菊水鉾のような鉾もあるなど、その道のりは長く、復活しえない山鉾もあった。その一方、維新を機に寄町制度と地口銭制度が廃止され、祭礼費用は、鉾町・山町が負担するのに加え、明治五（一八七二）年に結成された清々講社が氏子の各町より徴収する費用をもって神輿渡御と山鉾巡行の補助金にあてるようになったという。(8)また改暦により、七月一七日に神輿迎が行われ、二四日に神輿還幸となった。

その後昭和一八（一九四三）年に、アジア太平洋戦争によって山鉾巡行は中止されるが、昭和二二（一九四七）年の長刀鉾・月鉾の復活にはじまり、次々に他の山鉾も復活されていく。その一方、昭和三一（一九五六）年、それまで一七日の巡行時に寺町通を四条通から松原通へ向かって南下していた山鉾は、寺町通を四条通から御池通へと逆に北上することとなり、さらに昭和三六（一九六一）年、寺町通ではなく河原町通を御池通に向かって北上するコースをとるようになる。そして昭和四一（一九六六）年には、山鉾巡行が一七日のみの実施となり、かわって二四日には、神輿還幸とあわせ花笠巡行が登場するようになっていく。こうした変化の背景に、神事か観光かという議論の高まりのあったことが指摘されており、(9)生活環境の変化や町の変容等、時代の変化に苦慮する鉾町の姿がしのばれる。

平成二六（二〇一四）年、二四日の山鉾巡行（後祭）が復活したことは記憶に新しい。復活に至

(8)『京都の歴史6　伝統の定着』学藝書林、一九七三年。なお、すでに江戸時代にも、天明の大火によって町・山鉾の罹災があったことが、前掲注7で指摘されている。

(9)米山俊直『祇園祭―都市人類学ことはじめ―』中公新書、一九七四年。

る過程は、けっして容易なものではなかったと想像される。祭の本質とその歴史にたち返る、新たな一歩であるといえ、今後も存続していくことを願うばかりである。

❖山鉾と権力

以上、祇園祭・山鉾巡行の歴史をごく簡単に紹介してきたが、祇園祭といえば山鉾巡行を思い浮かべる人が多いように、祇園祭の歴史のなかでもとりわけ一四世紀における山鉾巡行の登場の意義は大きい。そして現在巡行を支えているのが鉾町といわれる「町」であることをもふまえ、祇園祭を「町衆」の祭、都市民衆の祭としてイメージする人々も多い。

しかしながら、山鉾が成立当初から、都市民衆のものであったのか、という点については、近年の歴史研究の成果をふまえると疑問とせざるをえない。戦国時代の祇園祭の復興・運営に、当時の京都を支配していた室町幕府の指導・助成の果たした役割が大きかったことは、早くから指摘されている(10)。加えて山鉾巡行の成立する一四世紀以降、代々の室町幕府将軍（室町殿）が、山鉾巡行を見物している点も注目される。その見物場所は三条通・四条通に面する寺・屋敷あるいは将軍近侍の武家衆の用意した桟敷であったといい(11)、将軍の見物の有無が祭の盛況に影響を与えたことが指摘されている。また、幕府が明や高麗・朝鮮といった近隣諸国との外交を積極的に推し進めるなかで、これらの国々から来た使節たちも、祇園祭を見物しており、祇園祭が外国使節の接待の場として利用されていたことも指摘されている(12)。室町殿が、ときに山鉾巡行のルートを変更させている点などもふまえると(13)、幕府権力による山鉾あるいは山鉾巡行に対する支配の問題は、軽視しえないものがある。こうした権力支配から、都市民衆がどのように自治を勝ち取り山

(10)『京都の歴史3 近世の胎動』学藝書林、一九六八年。
(11)大塚活美「室町将軍・異国使節等の祇園祭見物―中世における首都京都の祭礼―」『京都文化博物館紀要 朱雀』第十七集、二〇〇五年。
(12)前掲、注11。
(13)『迎陽記』応永六年六月七日・十四日条。

鉾巡行を存続させていくことになったのか、祇園祭・山鉾巡行の歴史研究にはまだまだ課題が多く残されている。

京のこぼれ話

山鉾の懸装品

　祇園祭の32基の山鉾をかざる前掛や見送といった懸装品をみると、中国の故事やイランの英雄伝説など、外国に伝わる物語の世界を描いたものがいくつも散見される。

　これらは、16世紀～19世紀の中国やトルコ・ベルギーなど外国でつくられたものであり（鶴岡真弓編著『京都異国遺産』平凡社、2007年）、鎖国の時代においてもなお舶来品を入手しえた京都の町衆の経済力がしのばれる。

　と同時に、日本を代表する祭とされる祇園祭の、国際性に富んだ一面を感じさせるものである。

5　円山安養寺の六坊

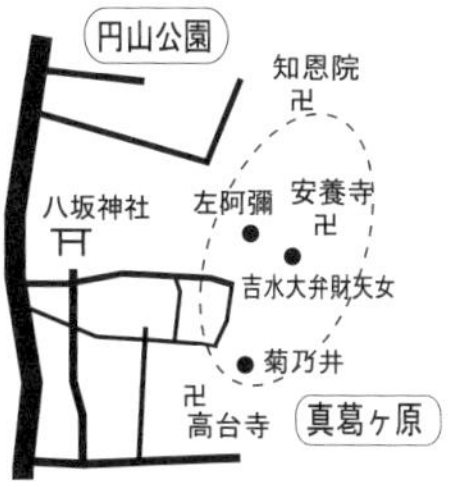

❖ 塔頭《たっちゅう》の講

京の丸山の貸座敷などに諷講《うたひこう》といふ事あり。素人にて諷を好む人、云合せて番組を作り、座敷を借りて諷ふ。蔭の一間或は縁がはにもあれ、番組を張り、何、シテ誰、ワキ誰など、張出し置て蔭にて謡ふに、諷をすける人、けふは丸山に諷講有といふ。(1)

八坂神社の東側に位置する円山とその周辺は、多くの神社仏閣からなる名所であると同時に、「京中の美なる酒筵《しゅえん》場」(2)とも称されたごとく、徳川期には京洛を代表する遊楽地として知られた場所である。寺社と「酒筵場」とが結びつくことに違和を感じる読者もいることだろう。とても興味ぶかいことに、当時、遊楽の場となっていたのは、まさに寺院の塔頭《たっちゅう》であった。

円山公園の東側、やや傾斜のきつい山道をのぼっていくと、法然や親鸞ゆかりの地として知られる吉水、すなわち安養寺の山門に出る。その安養寺には、かつて六つの坊（塔頭）が存在した。すなわち、連阿弥（延寿庵）、重阿弥（花洛庵）――一般には「端之寮」と呼ばれた――、正阿弥（勝興庵）、春阿弥――元「眼阿弥」（多蔵庵）――、左阿弥（長寿庵）、そして也阿弥（多福庵）で、

(1)手柄岡持「後は昔物語」（駒敏郎ほか編『史料 京都見聞記 第四巻』法藏館、一九九二年〔原著は一八〇三年であるが、一八世紀中葉の回想〕）一七六頁。

(2)清河八郎「西遊草」安政二（一八五五）年六月一〇日（駒敏郎ほか編『史料 京都見聞記 第三巻』法藏館、一九九一年）三〇八頁。

総称として「六阿弥」とも呼ばれて親しまれた。これらの坊が、冒頭に掲げたように、風流な講の舞台となっていたのである。

六坊の来し方を、『京都坊目誌《ぼうもくし》』(3)は次のように描く。

円山の勝地に依り高楼書院の設けあるを以て。四時観光人士の請ひに任せ。之を貸与せしが。遂に[明和の頃]酒楼と異なるなく。風流行楽の域と化す。或は蹴鞠《けまり》の場となり。或は詩歌俳句書画等雅会の席となれり。

「勝地」に立地する「高楼書院」が「酒楼」となり、円山をして「風流行楽の域」となさしめたのだ。「蹴鞠の場」や「詩歌俳句書画等雅会の席」になるということく、座敷や庭は求めに応じて「貸与」されていたようで、各塔頭は「貸座敷」として利用されていたことがわかる。寛政一一(一七九九)年に刊行された『都林泉名勝図会』には、そうした貸座敷としての特徴、さらには庭園での優雅な遊びの様子があますところなく描かれている。

「円山の講」は、少なくとも明治後期にいたるまで行われていたようで、たとえば『風俗画報』(4)には、次のような記事がある。

東京の無尽にひとしき融通講一般に行なはれ、年に二ケ度づゝ、抽籤の宴を開きて入講せし者に酒飯を供せり、本月は仕舞講とて事に壮《さ》かんなりき。宴席は洛東円山の、左阿弥、也阿弥、端の寮等の料亭に持出しけるをもて、単に円山の講とて世に著し。

安養寺の塔頭であった左阿弥や也阿弥、そして端之寮が、明治期に入っても宴席の場として利用されていたことがわかる。後に志賀直哉「暗夜行路」の主人公・時任謙作の結婚式が左阿弥で挙げられ、川端康成「古都」ではヒロイン千重子の育ての父である太吉郎が知人に招かれて左阿

(3) 碓井小三郎『京都坊目誌』(新修京都叢書刊行会編『新修 京都叢書』第二十巻、臨川書店、一九七〇年)四四一頁。

(4) 第一五四号、明治三〇年一二月一〇日。

弥へ夕飯に出かけることなどは、遊宴の歴史性を有する場ならでは、といったところだろうか。

ところで、この二つの小説に共通して左阿弥が登場したのは、偶然ではない。というのも、「暗夜行路」が執筆された段階で、六阿弥のうち存続していたのは左阿弥しかなかったからである。六阿弥は（料理屋であったためなのか）度重なる失火によってその数を減らし、明治四五（一九一二）年に（その前の火災後に新築されていた）也阿弥ホテルが焼失したことで、現存する左阿弥ひとつになっていたのだった。

以上の点については拙著『京の花街ものがたり』(5)でも詳しく述べているので、関心のある向きはそちらを参照していただきたいのだが、ここで注目しておきたいのは、先ほどの引用文には「其が給仕を為せる者を配膳と謂ひき」、というなんとも謎めいた一文があることだ。

❖「配膳」とは

『風俗画報』に掲載された記事「円山の講」によって、塔頭から「料亭」へと転じた円山の諸楼で行われる講において「給仕を為せる者」たち、すなわち「配膳」の存在がはからずも浮かび上がった。

では、そもそも配膳とはなにか。一般的には「食事の膳を客の前に配る」という行為それ自体を意味すると思われるのだが、京都での用法は名詞、しかも特定の職業にまつわる呼称として使われることが多い。この「配膳」という職業に関しては、『図説　江戸時代食生活事典』(6)における篠田統の説明が参考になる。

京都だけにしかない職業に配膳というのがある。色紋付に袴をつけて宴席の配膳にあたる。原則

(5) 加藤政洋『京の花街ものがたり』角川選書、二〇〇九年。

(6) 日本風俗史学会編『図説江戸時代食生活辞典〔新装版〕』雄山閣、一九九六年、三一六―三一七頁。

として男性である。

配膳についての文献を探しているが、いっこうに見あたらない。ひょっとすると、明治以後のものかもしれないが、食生活に関連した珍しい職業ゆえ、ここに付記する。明治四十三年頃、今の京都大学教育学部の近所で「配膳」と書いたガス灯があったから、大正以後からのものでないことは確かである。

宴席といっても、昔は結婚式が主で、そのほか講仲間の寄合や法事（ことに寺院で行なわれる折）にも働いた。家元の茶事に侍る者もいる。下足番、荷物預りなどは初心者で、慣れれば台所から座敷に出て膳を配り、皿、椀のお替えもする。酒の酌はしない。これは芸妓の役だ。仲居は台所から宴席の外までは膳を運んでも、座敷は配膳にまかす。配膳を使うほどの宴会なら、芸妓は呼ぶが、仲居を席に呼び入れることはない。

なんと不思議な職業だろう。宴席の配膳を司る職能者的男性たち。この京都独特の配膳については、笠井一子『京の配膳さん―京都の宴席を陰で支える人たち―』[7]という優れたモノグラフがあるので、そこに描かれた宴席の配膳風景も参照してみたい。

配膳はまず料理屋が持ってきた膳を拭き椀を並べる。盛り付けは料理人の仕事だ。膳の上にはまず三品程のせ、箸紙を付けて座敷へ次々運び込み、席札に合わせて各座布団の前に膳をすえる。昔と違って客が着席する前にすでに膳が出ていることになる。この日、配膳の仕事を手伝うのは、やとな（雇仲居）さんとか助仲居と呼ばれる女性たち。

笠井のサブタイトルにしたがうならば、配膳は「京都の宴席を陰で支え」てきた男性ということになる。現代の配膳については同書に詳しいのだが、「配膳についての文献を探しているが、

（7）笠井一子『京の配膳さん―京都の宴席を陰で支える人たち―』向陽書房、一九九六年。

いっこうに見あたらない」と篠田が指摘するように、その歴史となると関連する記述は少ない。篠田が推論するごとく、「明治以後」に成立した職種ということなのだろうか。

しかしながら、いろいろと文献にあたるなかで、たいへん貴重な資料に出会うことができた。それが、『風俗画報』[8]に掲載された、先ほどの「円山の講」につづく、次のような記事である。

> 配膳とは、東山真葛ケ原辺に四五十人も住居て、給仕を専門として生計を立てり、これには入方《いれかた》といふ元締の指図を経て、翌《あす》は誰々は何処《いづこ》と客の人数に拠りて、円山始め、諸方の料亭へ給仕に往きぬ、扮装《いでたち》は、概ね夏季は黄平紋付の帷衣《かたびら》葛織の平袴、冬季はお納戸木綿紋付の布子に桟留織の平袴を着して配膳す（羽織と足袋は無礼なりとて用ひず）名前は治郎作、八兵衛抔といふ、淡泊なる呼ひ易き名を殊更に用ひ、座敷の事は引搆《ひっかま》へて気軽に立働き、多少挿花俳句などの心得もあり、礼舞仕舞も所望に応じぬ、兎角は花街の幇間などより稍や雅味ありて面白き心地す。

また、「……『男配膳』は京名物の一である、而も祇園辺りには円山会なる『男配膳』の集会所がある、其処には一廉の男配膳が数十名居る、夫が日夜繁昌し、冠婚葬祭は言ふまでもなく何かの場合にも『男配膳』の手を借らなければ万事不都合と言はるゝ位、今日では『男配膳』の必要を一般に感ぜられて居る」という昭和初年の記事もみられた[9]。

『風俗画報』にあるように、当時もまた「給仕を専門として生計を立て」る男性たち、それが配膳であった。そのいでたちもまた、現在に通ずるものがある。ポイントは、彼らの住まい、そして出先となる料亭その他の所在地である。

(8)前掲、注4。

(9)『技芸倶楽部』第十巻第八号、一九三二年、二九―三一頁。

❖山猫とのかかわり

彼らの住まう真葛ヶ原は、知恩院から円山、高台寺にかけての南北にまたがる範囲である。真葛ヶ原については、別の項目でも触れておいたが、あの北政所に由来するという舞芸者たち、すなわち山猫の居住地と重なる、あるいは少なくとも接する場所であった。こうした配膳と山猫の近接関係を、たんなる偶然と見なすわけにはいかない、興味ぶかい資料がある。

それは、京都花街の芸妓や舞妓の名前が列挙された明治一一（一八七八）年出版の『都の花競《はなくらべ》』(10)である。当時の芸舞妓の年齢、花街の規模などを推測できるたいへん貴重な資料であるのだが、そのなかにひとつ奇妙な点がある。すなわち、山猫の所在地である「下河原の部」を見ると、その横に「通名　配膳《やまねこ》」（原著の振り仮名は語句の左側）とあるのだ。別の花街でも芸妓が「配膳」と称されることもあったらしいのだが、「配膳」を「やまねこ」と読むことなど、おそらく不可能だろう。しかも、山猫は女性、配膳は一般的に男性である。

なんとも不思議な組み合わせであるのだが、どちらも居住地は真葛ヶ原、そして出先となる料亭は円山の諸楼と、ともに一致している。笠井自身は、室町時代に出現し、時の将軍や守護大名などに奉仕したという「同朋衆」なる存在に職務の類縁性を見いだし、それを「配膳のルーツ」と考えているのだが、山猫とのかかわりから彼らの始原を想像してみることもできるだろう。つまり、北政所に由来するかどうかはともかく、円山安養寺の塔頭が近世京都を代表する愉楽の場となるなかで、元来が僧とその家族しかいないのだから、専門的に宴席を担う芸能者・職能者が求められたのではあるまいか。つまり、芸は山猫、給仕は配膳という分業がここにできあがるこ

(10)大西亀太郎編『都の花競』一八七八年。

とになる。

この点は仮説の域を出ないものの、『都の花競』に見出された「配膳」と「やまねこ」の、およそあり得ない偶然的な結びつきは、京の文化史をめぐる新たな問いへと開かれていくにちがいない。

京のこぼれ話

吉水弁財天の鳥居

円山安養寺を南西に下がったところに、吉水弁財天が鎮座している。社の正面に建つ石の鳥居。その裏側に刻まれた文字に目を凝らしてみると……。

「左阿弥」、「也阿弥」、そして芋棒で著名な「平野家」などの屋号をはっきりと読み取ることができる。また、それぞれの文字の右肩には、「丸山」とも刻まれていた。当然のことながら「丸山＝円山」であり、左阿弥は円山安養寺の塔頭で、社の近傍で現存する料亭にほかならない。

すでに見たとおり、也阿弥も同じく安養寺六坊のひとつで、明治期にはホテル（料理屋）に転業していたものの、明治39（1906）年の火災によってその歴史に終止符が打たれたのだった。

つまり、この鳥居はそれ以前のものということになる。実際、そこには「明治卅二年六月吉日」という文字が刻まれていた。なるほど、場所の記憶というものは、このようなところに刻み込まれて、後世に伝えられるものなのだろう。

6 天神市

市の成り立ち

毎月二五日に北野天満宮で行われる「天神さん」は、東寺の「弘法さん」とともに京都を代表する門前市として有名である。夜明けから日没まで、天満宮の境内を取り囲むように、びっしりと屋台・露店が立ち並び、参道を行き交う人々の足を止めている。たこ焼き・焼そばをはじめとする飲食の屋台もあれば、骨董の食器類・茶道具・家具・着物を扱う露店もあれば、懐かしのレコード・古銭・仏像などを扱う店もあり、ながめているだけで時間を忘れてしまう。

かつて古代の市は、売買の場であったばかりでなく、男女の交歓の場ともなり、市場外での社会的諸関係を絶ちきる、縁切り空間であったという(1)。背景に、売手・買手ともに売買する「物」を神に供物として捧げることにより、神からその交換物を与えられる、という観念の存在があり、虹の立つところに市を立てるという慣習も存在した。虹は古来より「天をわたる」「天を経る」橋と考えられ、その橋を渡って天神などの神々が降りてくると考えられていたからである。『日本紀略』には、長元三（一〇三〇）年に藤原頼通の家に虹が立ったため、「世俗の説によりて売買の

写真1　天神市の様子

（1）勝俣鎮夫「交換と所有の観念」（同氏『戦国時代論』岩波書店、一九九六年）。以下の説明は本論文に拠っている。

こと有り」という状況となったことが記されている。すなわち虹の立つところでは、神迎えの行事を行うことが必要とされ、その結果「祭」として市を立て売買を行った。

このように「市」の歴史は古く長いが、北野天満宮における「天神市」の開催を、文字史料において明確にし得るのは、江戸時代以降のことである。ただし、天満宮にのこる記録により、[2]すでに戦国時代には、毎月二五日に多くの参詣者が天満宮を訪れ、賽銭《さいせん》を納めている様子がうかがえる。このころの京都の大寺社は、かつての荘園制に基づく経営方式がたちゆかなくなりつつあり、賽銭収入に比重を置いた経営がはかられつつあった。さらにその後、豊臣秀吉により、京都改造の一環として「地子免許《じしめんきょ》」が実施されると、寺社は従来のように、門前の土地や家に「地子」（税）を賦課することすらできなくなり、賽銭収入の重要性はいっそう増していく。このような状況にあって、天満宮にとって、天神＝菅原道真の生誕日であり忌日である二五日は、参詣者の多く集まる「縁日」として、重要な意義を持つようになっていった。

たとえば天正一三（一五八五）年六月の縁日に際しては、境内の管理にあたる北野社目代《もくだい》が、「飴売」や「六十六部ノ上人」に営業・勧進の許可を与えたりしており、[3]縁日に芸能興行の行われていた様子がうかがえる。そして慶長九（一六〇四）年には、「一、今日かふき国礼に来、樽二・鯛二つ・こふ一束持来」とあるように、[4]「出雲の阿国」で知られる国の歌舞伎興行も行われ、芸能興行地・北野の歴史が本格的に展開していくのである。

❖ 江戸時代の芸能興行

江戸時代の北野天満宮門前における、芸能興行の様相は、北野社目代の孝世《こうせい》が元禄一七（一七

写真2　売り物をながめる人々

(2)「永禄四年古記録甲」八月二五日条（『北野天満宮史料　古記録』）。

(3)『北野天満宮史料　目代日記』天正一三年六月二四日条。

(4)『北野社家日記』慶長九年一二月二七日条。

○四）年～元文五（一七四○）年までに芸能者から提出された書類を抜粋転写したとされる[5]「北野境内願書等抜書」に詳しい[6]。興行場所の多くは、「北野の森」のうちでもとくに「下之森」（下ノ森）に集中しており、興行日のほとんどは二五日の縁日や「御開帳」の日、あるいは「夕涼み」の時期に相当している[7]。下ノ森は、現在の新建町・西町・東町のあたりに相当する地域で、これら三町が、明確に「町」として史料に現れ始めるのは一八世紀後半以降のことである[8]。したがって、芸能興行が盛んになり始めた当初は、文字どおり「森」であった。その森で人形浄瑠璃・歌舞伎芝居をはじめとする芝居、「大亀」・「かいこ糸取」などの見せ物、相撲・子供相撲・「楊弓《ようきゅう》」などの遊芸、水茶屋・焼きとうふ屋などの飲食小屋など、多岐にわたる興行が展開されたのである[9]。

このうち芝居興行の状況についてみていくと、もともと近世初頭の京都における歌舞伎興行は、四条河原を中心に行われていたが、一七世紀半ばには、北野社門前において芸能・見世物興行が行われており、享保一三（一七二八）年一一月には、北野七本松で水木菊之丞の芝居が開かれるに至っている[10]。同じころ、「菱屋三郎兵衛」なる人物もまた、下ノ森での「狂言物まね櫓《やぐら》芝居」を申請している[11]。このとき三郎左衛門は、歌舞伎櫓芝居の興行とあわせ、「芝居之南北ニ札茶屋 并《ならび》に弁当・灸・豆腐など仕《つかまつ》り候茶屋場」の設置も申請しており、北野社側も「茶屋場ノ義、芝居ニハ必ず相添物ニ候」と応じていることから[12]、櫓芝居の興行が「茶屋場」の興行と密接であり、なおかつ芝居の興行主がそうした「茶屋場」をも取りしきる位置にあった様子がみてとれる。

❖水茶屋の興行

茶屋については、芸能興行の問題とあわせ、茶屋それ自体の営業形態も興味深い。ここでは、

(5)宗政五十緒「近世後期の北野天満宮境内における芸能とその興行」（『仏教文化研究所紀要』第十四号、一九七五年）。

(6)『北野天満宮史料　目代記録』（以下『目代記録』と表記）に所収。

(7)前掲、注5によると、「七月十五日より八月十五日までというのは北野では夕涼みの宵見世を出すことを赦免されている期間中であり、暑気をしのいで諸人が北野の森に集うことの多かった時期である」という。

「北野の森」を拠点に展開した下ノ森の水茶屋興行について取り上げてみたい。先に掲げた一八世紀の「北野境内願書等抜書」によれば、下ノ森の水茶屋は、「月行事」・「年行事」・「行事」（「行司」）・「年寄」といった人々によって統率される「下森《しものもり》惣茶《そうちゃ》屋《や》中《ちゅう》」を結成していた様子がうかがえる。享保九（一七二四）年に「月行事・下之森惣中《そうちゅう》」が北野社目代に提出した願書には、(13)「馬喰町丸屋八兵衛殿家ニ借屋　仕《つかまつり》居《おり》申候岡野や半左衛門と申者、下之森内ニ而《て》水茶屋商売仕居申候処、此度《こたび》喜兵衛と申者ニ水茶屋小屋譲り申度《たく》候」とみえ、下ノ森の「水茶屋小屋」には常設店舗化したものがあったこと、その所有者は、同じく北野社門前とはいえ下ノ森ではなく馬喰町の借家人であったこと、よって「小屋」が必ずしも居住空間を兼ねない営業施設であったことがわかる。そして「小屋」の所有権の変更に際しては、下ノ森の「月行事」をはじめとする「惣中」、そして目代をはじめとする領主北野社の許可を必要としたのであった。

右の例をはじめ、下ノ森の「茶屋」をはじめとする飲食「小屋」商売を担った人々の多くは、北野社門前もしくはその近辺の借家人層であったと考えられる。たとえば、享保一〇（一七二五）年に、「下之森惣中」の連署を得て下ノ森における「水茶屋商売」の申請を行っている「八文字屋加兵衛」は、西今小路町の借家人であった。加兵衛はまた、享保九（一七二四）年に、下ノ森における人形浄瑠璃の興行の願人として現れているほか、享保一一（一七二六）年には、「小屋行事」として「平焼《ひらやき》商売」（「平場」・「土間」で煮炊きして飲食物を販売するという、商売の形態をさしているか）の申請をも行っており、芝居・茶屋興行にかかわる様々なはたらきをしている。

一方、享保一一（一七二六）年、「行司」津国屋長兵衛・丸屋善兵衛と「下森惣仲間中」は、「下之森内」で毎日「平焼」の商売を行う者たちが出て、「足付床几多ク敷きならべ、望み次第ニ料理

(8)『日本歴史地名体系27　京都市の地名』（平凡社、二〇〇一年）の、「東町」・「西町」の項によると、両「町」の存在は宝暦一二（一七六二）年刊の「京町鑑」によって確認されるという。また「松永町」・「新建町」については、明治維新期の上地を受け、付された名であるという。

(9)以下の記述は、三枝暁子「近世における北野社門前の社会構造―芸能・茶屋興行を中心に―」（鈴木則子編『歴史における周縁と共生―女性・穢れ・衛生―』思文閣出版、二〇一四年）にて詳述している。

(10)『京都の歴史5　近世の展開』学藝書林、一九七〇年。

ケ間敷《ましき》義」を行い、「幾年迄も森之内ニ而《て》渡世仕度《つかまつりたく》、私共之商売之さまたけニ罷成、ひしと難義至極《しごく》迷惑」であると訴えている。そのうえで津国屋長兵衛らは、「たうふ・酒斗《ばかり》ヲ土間ニ莚を敷、ひらやきニ商売仕候様」命じてほしいと要求している。すなわち「下森惣仲間中」は、「平焼」の商売人らが下ノ森での営業を常態化させることを恐れているのである。

このようにみていくと、下ノ森の飲食「小屋」商売においては、営業形態および「小屋」の所有等にかんする「下之森惣茶屋中」の管理権が非常に強かったといえる。「惣茶屋中」は、基本的に「町」のような家屋所有に基づく地縁組織ではなく、職縁により結ばれた仲間組織であったと考えられるが、こうした組織がどのような経緯によって生まれ、現代の下ノ森商店街へと発展していったのか、今後追究される必要があろう。

現在の天神市は、北野天満宮境内の内部で開かれ、芝居興行もみられないという点で、江戸時代における縁日の風景とは異なっている。しかし、神をまつる地で今もなお多くの人々が集い「交換」を行う様子は興味深く、存続させていきたい風景のひとつである。

(11)「抜書」(『目代記録』)。
(12)「北野諸般録」享保一四年正月一五日条(『目代記録』)。
(13)『目代記録』。以下、引用史料はすべて同記録に拠っている。

II 川・橋・道をめぐる歴史・物語

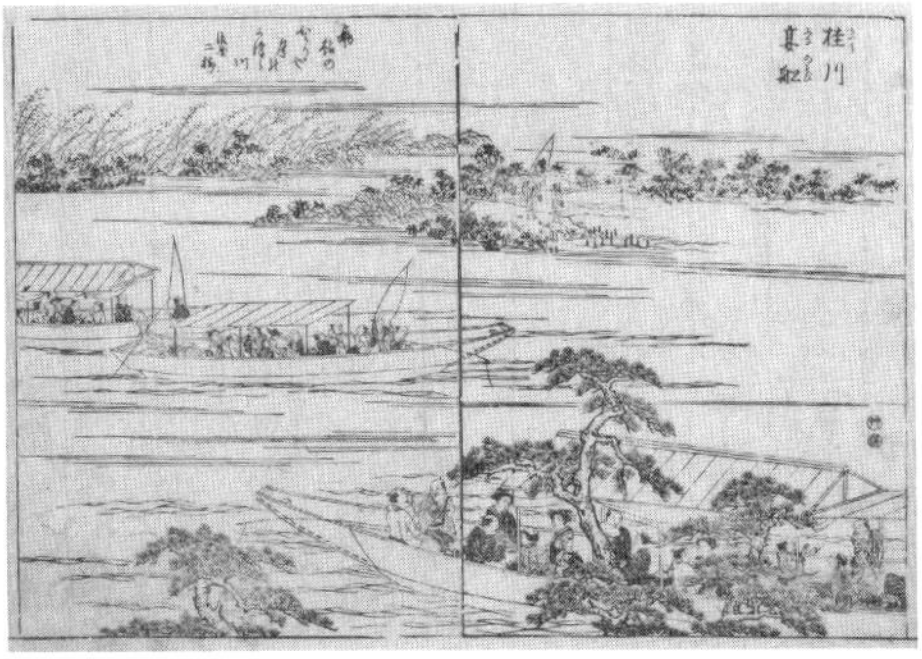

桂川船遊(都林泉名勝図会)

高瀬川(拾遺都名所図会)

1 嵐山と桂川

❖嵐山と渡月橋

春の桜・秋の紅葉と渡月橋の織りなす風景に魅かれ、嵐山を訪れる人は多い。実際に嵐山は、古くから大堰川およびその対岸にある小倉山と共に歌枕として知られ、紅葉や桜と詠みあわされてきた。標高は、三八一・五メートルあり、その名の由来は、「歌荒樔田《うたあらすだ》」の地と山麓に位置する松尾月読神社との関係によるとも、桜・紅葉を吹き散らすことによるともいわれている[1]。

その嵐山の中腹に、現在も非常にゆるやかではあるが、「戸名瀬《となせ》の滝」とよばれる滝が流れていることはあまり知られていない。天龍寺の前身で、後嵯峨上皇の造営になる「亀山殿」の様子をつづった鎌倉時代の『増鏡』には、

　さがの亀山のふもと、大井川の北の岸にあたりて、ゆゝしき院をぞつくらせ給へる、小倉の山の木ずゑ、となせの瀧も、さながらみかきのうちに見えて、わざとつくろはぬせんざいも、をのづからなさけをくはへたる所がら、いみじき絵師といふとも、筆をよびがたし、

とみえ（「おりゐる雲」、傍線は筆者に拠る）[2]、亀山殿から対岸の戸名瀬の滝が見えていたことがわか

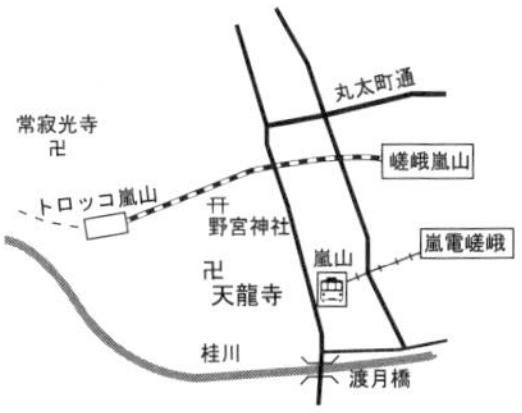

(1)『日本歴史地名大系27 京都市の地名』平凡社、一九七九年。

(2)黒板勝美編輯『今鏡・増鏡』（国史大系第二十一巻下、新訂増補版）。

る。また嵐山の風景を描いた『都名所図会』をはじめとする江戸時代の絵図類においても、戸名瀬の滝が嵐山の中心部にしっかりと描きこまれている様子がうかがえる。こうしたことから、明治期以前、戸名瀬の滝の風景は、嵐山の象徴ともいいうるものであったといえよう。それが現在のように「忘れられた滝」となってしまった背景には、明治期以降の国有林化による植生変化や、治山事業の影響があった(3)。したがって、名所としての嵐山の歴史は長いが、人々によって重視される風景のありようは変化しているといえよう。

一方、江戸時代の享和元（一八〇一）年に刊行された随筆『閑田耕筆』巻之一には(4)、

又嵯峨の嵐山は、昔よしのをうつされて、蔵王権現を勧請あり。千本の桜を栽られし所なるを、貞享の年間に著せし山州名跡志には、土地にふさはぬにや。今はさくらなしと書り。さるを近世は桜あまたにて、都下の壮観となりぬ。是も二十年前迄は、唯好士のみ遊びて、大かたの人はおむろ（御室）に聚り、帷幕数十百をもて算へしに、今かしこはおとろへ、大井の川辺頃らしきまで茶居軒を並べ、水上は舟連り、絃歌かまびすしく、なべてこゝを花の湊とす。世界の変遷かくのごとし。

とあり、かつて嵐山には千本の桜が植えられていたが江戸時代のはじめにはなくなっていたこと、この二〇年の間に桜の名所が御室仁和寺から嵐山へと移り変わったことなどが記されている。同じころ、植樹や寄進により桜の数が増えたことも指摘されていることから(5)、花見客をあてこんで茶店が川べりに立ち並ぶ、現代の嵐山の花見の風景に通じる世界が本格的に立ち現れるのは、江戸時代後期のことであったということになろう。

こうした嵐山の風景に欠かせないのが、嵐山と天龍寺門前とをつなぎ大堰川にかかる渡月橋である。「渡月橋」の名は、鎌倉時代に亀山上皇がくまなき月の渡るに似るとしたのにちなむとい

(3)細田茂樹「『嵐山』の眺望の変遷を考察する―「戸無瀬の滝」を事例にして―」（立命館大学文学部京都歴史回廊演習成果報告書『伝統を疑う』、二〇〇九年）。

(4)『日本随筆大成』第九巻。

(5)奈良本辰也監修大本山天龍寺編『天龍寺―嵯峨野に刻まれた五山巨刹の盛衰―』東洋文化社、一九七八年。

われている。かつてこの橋は、現在の場所よりも上流にあったといい、有名な慶長一一（一六〇六）年の角倉了以の保津川開削事業により、現在の場所に架橋されたという。(6)江戸時代、橋は天龍寺の管理責任のもとで、法輪寺が架けることになっていたといい、法輪寺は橋を通行する人に三文・牛馬に六文の橋銭をかけ、そこから橋床料銀・橋運上銀を天龍寺に納めていた。(7)渡月橋を法輪寺橋・法輪橋ともよんだのは、この橋と法輪寺との密接なつながりによるものと考えられる。そして江戸時代半ば以降には、三月一三日一四日に、洛中の一三歳の子供が福徳知恵を授かるため法輪寺本尊の虚空蔵菩薩に参拝する十三詣の行事が盛んとなっていくのである。(8)

❖桂川と葛野大堰

さて、これまで述べてきた嵐山・渡月橋はまた、桂川の呼称の分岐点でもある。左京区広河原を源として亀岡盆地・保津峡・嵐山へと至る桂川は、嵐山付近とその上流が大堰川・大井川あるいは保津川とよばれ、嵐山から下流が桂川とよばれている。やがて鴨川と合流しながら淀川へとそそぐ桂川が、嵐山付近において「大堰川」と称されるのは、渡月橋のやや上流に位置する「葛《かど》野《の》大堰《おおい》」の存在によっている。

葛野大堰は、五世紀に朝鮮半島の新羅から渡来してきた氏族集団秦《はた》氏によって、五世紀末に灌漑用の水を引くために造られた堰堤で、現在より約百メートル上流にあったといわれている。(9)人工の島である中ノ島を造ることにより、川の流れを本流と用水とに二分したうえで、本流の水位を堰き止めることによって高め、用水路に多量の水をそそぐよう築造されているという。こうしてできた用水路は「一の井」とよばれ、松尾・桂・川島地域へと灌漑用水を供給し、下流にさら

(6)前掲、注1。

(7)前掲、注5。

(8)前掲、注1。

(9)京都府農林水産部耕地課整備室発行「嵯峨嵐山一の井堰」（二〇〇六年三月）。以下、葛野大堰の歴史をめぐる記述は、これを参考にしている。

に「二の井」も造られ、西京・右京の農業生産を支えるところとなり、現在も洛西用水として生き続けている。一五世紀には、桂川右岸と左岸に位置する荘園村落がこの桂川用水の取水権をめぐり争っていることが知られ、国宝の『東寺百合文書』に、当時の用水と村々との関係を伝える「山城国桂川用水差図」がのこされている。

現在渡月橋からみえる「一の井堰」は、秦氏の築造した葛野大堰を僧道昌《どうしょう》が九世紀に修復したのち、工法を変えながら存続してきたものを、昭和二七（一九五二）年の京都府営農業水利改良事業として整備されたコンクリート固定堰であるという。その後も洪水等の影響により、府営事業として井堰の維持補修・改修が行われ続けているといい、五世紀から現代にいたるまで、膨大な時間が流れつつも、依然として堰が重要な役割を果たしている様子がうかがえる。

中国四川省には、紀元前二五六年完成の都江堰《とこうえん》とよばれる水利施設があり、嵐山の風景とよく似た風景が広がっているという(10)。都江堰は、成都《せいと》の郊外を流れる岷江《みんこう》に造られた水利施設で、「金剛堤」とよばれる堤防が、内江・外江に流れを分ける構造にあり、巧みな地形利用による「利水」によって、数千年にわたり洪水調節・灌漑の役割を担ってきた。二〇〇〇（平成一二）年に、世界文化遺産に指定されたという。こうしたことと、葛野大堰が渡来人によって構築されたこととは、関係しているのであろうか。

いずれにしても、天龍寺門前から渡月橋を渡り中ノ島へと至る観光客の多くは、みずからのおりたっている場所のルーツに、平安京成立以前の五世紀における渡来人秦氏の灌漑事業のあることと、よって、おおげさな言い方をすれば嵐山が東アジア世界とつながる場であることに気づかぬのではなかろうか。そうした技術の伝来が、京都の人々の生活を支え続けてきた歴史をも思い合

(10) 前掲、注9。以下の記述はこれに拠っている。

わせるとき、嵐山の風景は、いっそうふくらみを帯びて見えてくるに違いない。

京のこぼれ話

清涼寺釈迦如来像

天龍寺の北、大覚寺の西に位置する嵯峨釈迦堂清凉寺には、寛和３（987）年に東大寺の僧奝然《ちょうねん》が、宋から持ち帰った釈迦如来像（国宝）が安置されている。

この釈迦如来像を拝もうと、12世紀には参詣者が清凉寺に多くつめかけたといわれているが（村井章介『増補中世日本の内と外』ちくま学芸文庫、2013年）、そうした釈迦如来像をもたらした奝然もまた、秦氏の出身である。

写真　中ノ島からみた渡月橋

2　四条橋の歴史

❖洪水と架橋

鴨川に架かる橋のなかでも、とりわけ人通りの多い四条大橋は、古くから祇園社（現在の八坂神社）に続く参詣路として知られる。明治七（一八七四）年に鉄橋となるまで、この橋は板橋あるいは石橋として、繰り返し架橋されてきた。架橋が繰り返されたのは、鴨川の洪水が頻繁に生じていたからである。

鴨川の洪水については、すでに平安時代初期から防鴨河使《ぼうかし》を設置するなどして朝廷が対処にあたっていたことが知られる。しかし、白河上皇が意に沿わぬもののひとつに「賀茂川の水」をあげたとするエピソードの存在することからも明らかなように(1)、院政期に入ってもなお洪水被害はたえなかった。環境考古学の成果によっても、八世紀末の平安京成立後、鴨川流域の洪水がたびたび起こっていることが確認されており、とりわけ一五世紀から一九世紀に至るまでその頻度は高かったという(2)。現代においても鴨川流域における洪水はみられ、昭和一〇（一九三五）年に氾濫しているほか、昭和二六（一九五一）年には塩小路橋が流失している(3)。

---

(1)『平家物語』巻一。
(2)河角龍典「洪水災害の環境考古学―遺跡の表層地質情報から読み解く河川水害史―」（『日本史研究』五九七号、二〇一二年）。
(3)安田政彦『平安京のニオイ』吉川弘文館、二〇〇七年。

このように、繰り返し氾濫する鴨川に架かる橋として四条大橋が史料上に現れるのは、一二世紀半ばのことである。たとえば、祇園社「社家條々記録」（『八坂神社記録』上）には、「永治二年（1142）始祇園四条橋勧進聖として沙汰し之を亘す」との記事がみえる。勧進聖とは一般に、寺社の建立・修造のため、不特定多数の人々に対し善根功徳になるとして金品の寄付を募る僧をさしており、勧進聖の募る寄付によって架橋がなされたのである。

一四世紀になると、四条橋の架橋を名目とする芸能興行が行われている。すなわち『太平記』巻第二七「田楽事付長講見物事」には、「抖藪《トソウ》ノ沙門有リケルガ、四条橋ヲ渡サントテ、新座本座ノ田楽ヲ合セ老若ニ分テ能クラベヲゾセサセケル。四条川原ニ桟敷ヲ打ツ。希代ノ見物ナルベシトテ貴賤ノ男女挙《コゾ》ル事不レ斜」とみえ、四条河原にて、将軍足利尊氏の観賞するなか、四条橋を渡すための「能くらべ」が催されている。そして見物人の多さに桟敷が崩れたため、死者が多数発生している。以後、四条河原の地で芸能興行の行われることはほとんどなく、この地が芸能興行地として本格的に発展していくのは、江戸時代になってからのことであり、それも五条河原におくれて発展していった(4)。寛永年間（一六二四〜四四年）には、常設化した芝居小屋があらわれ、寛文年間（一六六一〜七三年）にはさらに茶屋や旅籠などの遊興施設も増加し、芝居街が形成されていったという(5)。

四条橋と祇園会

さて、ふたたび四条橋の歴史を追っていくと、勧進聖による架橋が引き続き一六世紀においてもみられることがわかる。すなわち永正一四（一五一七）年、室町幕府によって、勧進聖の智源が

(4)守屋毅『京の芸能』中央公論社、一九七九年。
(5)前掲、注4。

四条橋の架橋を認可されており、(6)智源はその翌年、祇園社の補任によって「四条橋勧進本願職」の地位を得ている。(7)こうした経緯や、架橋の際の用材の調達に祇園執行《しぎょう》（祇園社経営の中心にあたる職）が関与していたことなどから、下坂守氏は、中世において四条橋が祇園社の橋としての性格を有していたことを指摘している。(8)氏はまた、四条橋西詰の風景として、正安元（一二九九）年成立の『一遍聖絵』や一六世紀後半の景観年代を有する上杉本『洛中洛外図』など、中世の絵画資料に繰り返し「祇園社大鳥居」・「一鳥居」が描かれていること、さまざまな「洛中洛外図」に、四条橋と大鳥居を舞台とする祇園会の神幸の様子が描かれていることなどをも明らかにしている。こうしたことから、確かに、中世において四条橋は大鳥居を境として祇園社門前の一部をなすとともに、祇園会の神幸路として重要な役割をはたしていたといえよう。

その後天正九（一五八一）年、洪水によってふたたび四条橋は流失した。すなわち『兼見卿記』同年五月一九日条には、「午刻俄《にわ》かに大雨、夜に入りて頻《しき》り、川原洪水し不通也」とみえ、翌日条には、「領内川原悉《ことごと》く水損し了《おわん》ぬ、四条の橋落つる也」とあり、大雨により鴨川が氾濫して四条橋が流失した様子を伝えている。そして橋の再建がみられないまま、天正一九（一五九一）年には、豊臣秀吉が京都改造の一環として鴨川西岸に土居堀を構築したため、祇園会の神幸路は三条通へと変更されてしまう。土居堀による四条通の封鎖について、祇園社側は神幸や参詣に支障をきたすとして計画変更を願い出たものの、かなわなかったことなどから、ここに神社と都市民との関係を断とうとする豊臣政権の意図の存在したことを指摘する研究もある。(9)いずれにせよ再び四条通が神幸路となったのは慶長七（一六〇二）年ごろのことであり、以後神幸は「仮橋」を渡って行われることとなった。(10)

(6)『京都坊目誌　四』（『新修京都叢書』第二十、臨川書店、一九七〇年）所載「八坂神社古文書」。
(7)「祇園社記」一二（『八坂神社記録』下）。
(8)下坂守「中世京都・東山の風景―祇園社境内の景観とその変貌をめぐって―」（同氏『中世寺院社会と民衆―衆徒と馬借・神人・河原者―』思文閣出版、二〇一四年）。
(9)中村武生「豊臣政権の京都都市改造」（日本史研究会編『豊臣秀吉と京都―聚楽第・五土居と伏見城―』文理閣、二〇〇一年）。
(10)前掲、注8。

大正四（一九一五）年に公刊された『京都坊目誌』所載の「祇園会記録」には、「三条堺町辻にて御輿橋の事申渡あり。此時材木屋かしら出て之を承ると云々。此御輿橋といふは、七日十四日とも、神幸の時、四条河原に仮橋を掛る。是を浮橋といふ。天文頃より安政まで大橋なければ也。則ち京師の材木屋仲間より掛る事なりと云々」と記されている。[11]また、文政一〇（一八二七）年の「祇園祭礼式」には、「遷宮事終リテ神輿舁人々大イニ呼コト三声シテ神輿三基ヲ舁来ル、四条仮橋ハ材木屋仲ケ間ヨリ出テ例年之ヲ勤ム、高瀬小橋ニ新シキムシロヲ敷ク、古例也、十四日モ同シ、但シ四条洪水の時ハ、縄手ヲ三条、三条ヲ川原町、河原町ヲ御旅町エ神幸有ル也」と記されている。[12]これらの記録から、祇園会の神幸の際に、鴨川に「仮橋」が架けられたこと、架けたのは「材木屋仲間」であったこと、洪水となった際の神幸は三条大橋へと迂回して行われたことなどが明らかとなる。このうち「祇園会記録」には、仮橋を架けた「材木屋仲間」の居住する一五ヶ町の名が具体的にあげられたのち、「古《いにし》へは惣して堀川に片付てありしとなり」とみえている。[13]

このように江戸時代の四条橋は、中世のような祇園社の管理する橋としての性格はなくなりつつも、祇園会の神幸に欠かせぬ「仮橋」として、かろうじて架橋されたのである。

❖廃仏毀釈と四条橋

さて、幕末の安政三（一八五六）年、四条橋はようやく再建されることとなった。『京都坊目誌』によると、[14]その再建は、祇園社の氏子が幕府の許可を得たうえで寄付金によってなされ、木造であったという。しかしこの橋は、明治六（一八七三）年に破損してしまい、改めて祇園新地から願い出が出され、初代京都府知事長谷信篤のもとで「石柱鉄橋」として再建されたことが同じく

(11)『京都坊目誌　四』「下京第十四学区之部」（前掲、注6参照）。
(12)『神道大系』神社編十・祇園、神道大系編纂會、一九九二年。
(13)「堀川」の地には、中世において祇園社神人として材木を扱う堀川神人がいた。
(14)前掲、注11。

『京都坊目誌』にみえている。その建設費用は国が負担したが、三年間通行人から「橋銭《はしせん》」を徴収し、祇園新地の収入としたという。

この明治初年の架橋については、『明治維新神仏分離史料』に、「京都四条鐵橋《てっきょう》と廃仏」と題し、明治四五（一九一二）年に発表された大変興味深い一文がのこされているので、以下に紹介したい。(15)

京都四条の鐵橋の材料は、仏具類が破壊せられて用ゐられたとのことである、かの鐵橋は、明治六年に起工し、翌年三月に竣工し、同十六日に開通式が行はれた、総費額一万六千八百三十円で、祇園の遊郭で負担したとのことであるが、時の知事長谷信篤は、府下の諸寺院に命じ、仏具類の銅製の物を寄附せしめた、古い由緒ある名器の鎔鑪《ようろ》に投ぜられたるものが少くなかつたと云ふことである、当時廃仏毀釈の余勢が、尚ほ盛であつたことが判る、洛陽四条鉄橋御造架に付献上書云々とある文書が伝はつてある、その一に、紀伊郡第三区深草村宝塔寺、一、古銅器大鍔口、丈八寸、縁二尺、目方十六貫八百目、銘に深草宝塔寺為覚庵妙長聖霊菩提、慶長十七年七月廿日、施主中村長次とあつたことなど見える、此類の物が今の鐵橋になつたのである、

これによって、明治七（一八七四）年に完成した「石柱鉄橋」の「鉄」が、実は、明治新政府による神仏分離政策にともなう廃仏毀釈により供出された、寺院所蔵の仏具類を利用して造られたものであったことが判明する。実例として、「深草村宝塔寺」（現在も伏見区深草宝塔寺山町にある日蓮宗寺院）にあった、慶長一七（一六一二）年に「中村長次」によって寄進された「古銅器大鍔口」があげられている。府知事の主導により、府内各地の寺院の仏具が精錬されなおされて、橋となり、それを人々が踏みしめて歩くこととなった四条大橋の歴史に、廃仏毀釈のすさまじさが

(15)『新編明治維新神仏分離史料』第七巻、名著出版、一九八三年。なお本史料のもとの出典が、明治四五年四月八日発行の『仏教史学』第二編第一号であることが、明記されている。また、『京都坊目誌　四』「下京第十四学区之部」（前掲、注6参照）も、明治七年の四条橋架橋の「工費」を「一万六千八百三十余円」と記している。

示されている。

明治一〇（一八七七）年になると、四条橋の管理は府が行うこととなり、明治三一（一八九八）年に至って京都市の管理するところとなった。そして明治四五（一九一二）年に、四条通の拡張にともなって橋を造り変えることとなったが、設計の誤りなどで時間がかかり、完成したのは大正に入ってからのことであったという[16]。さらにその後昭和一七（一九四二）年に修造され、昭和四〇（一九六五）年には戦時供出により木造となっていた欄干のとりかえと拡幅がなされることとなって現在に至っている[17]。

以上みてきたように、行き来する人の足がたえず、車も多く行き交う現在の四条大橋は、洪水という自然災害や土居堀築造・廃仏毀釈などの国家政策を経ながら今に至っている。過去と現在をもつなぐ橋として、その歴史に思いをはせながら歩きたいものである。

(16)『京都坊目誌　四』「下京第十四学区之部」（前掲、注6参照）。

(17)横田冬彦「昭和一〇年鴨川大洪水と「千年の治水」」（門脇禎二・朝尾直弘編『京の鴨川と橋―その歴史と生活―』思文閣出版、二〇〇一年）。

写真　現在の四条大橋

3　「高瀬舟」にみる階層社会

❖作品の概要と執筆動機

森鷗外の「高瀬舟」は、大正五（一九一六）年一月『中央公論』第三一巻第一号に発表された。[1]この作品は、京都・高瀬川を舞台に繰り広げられる物語としてよく知られている。寛政のころ、京都町奉行所の同心羽田庄兵衛は、罪人の護送を命じられる。名は喜助。弟殺しの罪人である。舟に乗った喜助の表情は他の罪人たちと違って、その姿は晴れやかで目は輝き、楽しそうにさえみえる。不思議に思った庄兵衛はその理由を尋ねる。喜助は、これまで骨身を惜しまず働いても物を買って食べることもままならなかったのに、入牢中に働かずに二〇〇文ももらい、はじめて物を得た喜びを味わったのだという。事件についても病を苦に兄の重荷になることを慮って自殺をはかった弟だったが死に切れず、その頼みを聞いた末の行為（決断）だったと告げる。話を聞いていた庄兵衛は、何か腑に落ちぬものを感じるのである。

この作品の執筆動機には、弟篤次郎と次男不律二人の死と長女茉莉の大病に遭遇したことがあげられる。それは『心の花』第二〇巻第一号に掲載された「高瀬舟と寒山拾得―近業解題―」[2]に

（1）脱稿は、日記より大正四（一九一五）年一二月五日。大正七（一九一八）年二月単行本『高瀬舟』（春陽堂）に収録。現在は『山椒太夫・高瀬舟』（新潮文庫、二〇〇六年）などに収録されている。

（2）単行本『高瀬舟』に収録の際、「附高瀬舟縁起」、「附寒山拾得」としてそれぞれの作品末尾に分載された。

「死に瀕して苦むものがあつたら、樂に死なせて、其苦を救つて遣るが好いと云ふのである。これをユウタナジイといふ。樂に死なせると云ふ意味である。高瀬舟の罪人は、丁度それと同じ場合にゐたやうに思はれる」とあることからもわかる。また、この時期、軍医官僚（陸軍軍医総監・陸軍省医務局長）である作者自身の去就も浮上していることから、官僚組織と権力、人事などがからんだ退官問題もかかわっていると考えられる。[3]

❖「高瀬舟」と『翁草』

この作品は、神澤貞幹編述『翁草』（巻一一七「流人の話」）を素材にして創作された。貞幹は、宝暦七（一七五七）年生まれ。京都町奉行所で与力を勤めた人物である。素材となった『翁草』は、全二〇〇巻からなり、歴史的事実、人物、法制、裁判、文芸、伝説、宗教、道徳、風俗、経済など、あらゆる先行諸書を収録し、室町時代末期から江戸・寛政期（一七九一年）までの二〇〇年間に及ぶさまざまな事象や話（逸話）を収集し、かつ自身の見聞した事実をも記録している。素材となった『翁草』と「高瀬舟」とを比較してみると、いくつか異なった描写が見つかる。第一に前者が享保から宝暦年間であるのに対して、後者は寛政年間となっている。第二に前者が兄弟のどちらを殺したかが不明であるが、後者は弟殺しと明記している。第三に「高瀬舟」は兄弟の悲惨な生活実態と堅い絆が強調されて描かれている。第四に「高瀬舟」だけに見られる「オオトリエテ」という表現である。この四点に作者の意図が匿《かく》されている。

『京都番日記』ほか諸史料によると、高瀬舟[4]による護送は、同心二、三名が一般的であって、江戸期において京からの西国諸島への流罪人は一〇〇〇名を超えたという。また、享保年間に成立

(3) 鷗外の他の作品「最後の一句」、「寒山拾得」などにも同じテーマ（主題）が読みとれる。

(4) 船底の平らな河川用小型船。船首が高く船体の幅が広い。京都では慶長一六（一六一一）年角倉了以が開削した高瀬川の二条から伏見間に長さ七間（約三・八m）幅六尺六寸五分（約二m）の船が行き来した。

した『公事方御定書』[5]には、「弟妹及び甥姪殺し」は「遠島に処すべき罪」にあたるとされている。おそらく兄、姉殺しは弟妹殺しより罪が重かったと推察され、流刑という刑罰に処すため、作者鷗外は喜助を兄弟のうち兄と設定する必要があったと考えられる。弟殺しの罪で流罪となった喜助と同心庄兵衛の二人の会話を通して、この事件が厳しい生活の実状と兄弟相思うがゆえの行為だったことが説き明かされる。

先に指摘したとおり、物語の時代設定は「江戸で白河楽翁侯が政柄を執つてゐた寛政の頃」となっている。白河楽翁侯（松平定信）といえば寛政の改革で知られているが、寛政二（一七九〇）年には湯島聖堂（学問所）で朱子学以外の講義を禁止し、民間に対しても出版統制令を出し、同時に風俗も取り締まった。林子平や山東京伝らがその犠牲者となった。この作品が執筆・発表された大正初期も大逆事件（明治四三年五月）以後、言論や集会が厳しく制限・弾圧され、出版法・新聞紙条例が改悪されるなど厳しさを増した時代である。事件の顛末を聞いた庄兵衛の心の中に「自分より上のものの判断に任す外ないと云ふ念、オオトリエテに従ふ外ないといふ念」が生じる。と同時に、「さうは思つても、庄兵衛はまだどこやら腑に落ちぬものが残つてゐるので、なんだかお奉行様に聞いて見たくてならなかった」と心底が表出されており、ここに作者の「オオトリエテ」、権威および権力（者）への暗喩的な諷刺を見ることができる。

❖高瀬川をめぐって――上流と下流地域へ

高瀬川の源流は、二条木屋町にあった豪商角倉了以の別荘で、作品発表時は元老山県有朋の所有となっていた（第二無鄰菴）[6]。喜助と庄兵衛を乗せた舟は、高瀬川を南下し伏見方面へと下って

（5）上下二巻からなり、その下巻を『御定書百箇条』と読んで当時の裁判の指針とした。

（6）現在、日本料理店「がんこ高瀬川二条店」となっている。

いく。この川の源流（上流）に財力や権力の象徴が映し出され、さらに下流地域における当時の政策（身分制）とのかかわりから、喜助の貧しさゆえの悲劇がクローズアップされる立体的な仕組みとなっている。

牢獄のほうが現実生活よりも暮らしよいと感じる喜助を描き、そのことに「疑懼の念」を感じていく庄兵衛。その問題は決して江戸時代だからではなく、川を下る舟の低い目線を通して、大正期の下層民の貧困や言論統制下での生きがたさをも重ねあわせた暗喩が見えてくる。喜助が語る悲劇、庄兵衛が抱く疑念は、戦後の経済政策および経済構造による慢性的不況下での低所得層の増加や高齢化社会がもたらす介護福祉問題などが山積する現代社会を生きる私たちの切実な問題でもある。

京のこぼれ話

森鷗外と山県有朋

森鷗外の小説第一作「舞姫」（1890年1月）のなかに天方大臣（伯）が登場するが、この人物は山県有朋がモデルとなっている。東京大学医学部卒業後、陸軍省に就職した森林太郎（森鷗外の本名）だが、この時期に最高実力者として山県有朋が君臨していたことは周知のとおりである。一方、「常磐会」とよばれた歌会では、森鷗外は山県有朋（雅号含雪）の歌の指導をしている。

また、山県有朋は、京都では第二無鄰菴のほかに無鄰菴を所有している。無鄰菴は、明治27年から29年（1894〜96年）に京都・岡崎に造営した別荘である。造園家七代目小川治兵衛が作庭した池泉廻遊式庭園として知られている。洋館は、明治31（1898）年に建てられ、明治36（1903）年４月21日に山県有朋、伊藤博文、桂太郎、小村寿太郎の４人によって、日露開戦直前の外交方針を決める「無鄰菴会議」が開かれたことでも有名である。

4　紙屋川と桜橋

❖紙屋川の二軒茶屋

旧市街地の北西端、平野に位置する官幣大社・平野神社の境内は、春になると大勢の花見客でにぎわう。現在は、西側にも参道口があるものの、それは都市計画道路である西大路の建設にともない付けられたもの。神社の表参道は、境内東側の楼門・鳥居から、ほぼ東の方角へ真っすぐにのびる「平野門前通」にほかならない。当初は、豊臣秀吉によって築かれた御土居を切り通してできたことから、「平野新道」と呼ばれていたらしい。北野天満宮から見れば裏通りにあたるこの道路も、平野神社のれっきとした表参道なのであった。

今出川通から上七軒を通り西大路へと抜ける自動車がひっきりなしに通り、朝夕は立命館大学に通う学生たちが自転車を駆る。紙屋川周辺の開発も進み、マンションや戸建ての住宅が建ち並んだ結果、旧平野新道周辺は、殺風景とは言えないまでも、没場所的・没歴史的な景観が出現するところとなった。こうした現在の姿からは容易に想像することができないのだけれども、歴史をさかのぼればそこに、なんとも艶めいた風景がたちあらわれる。

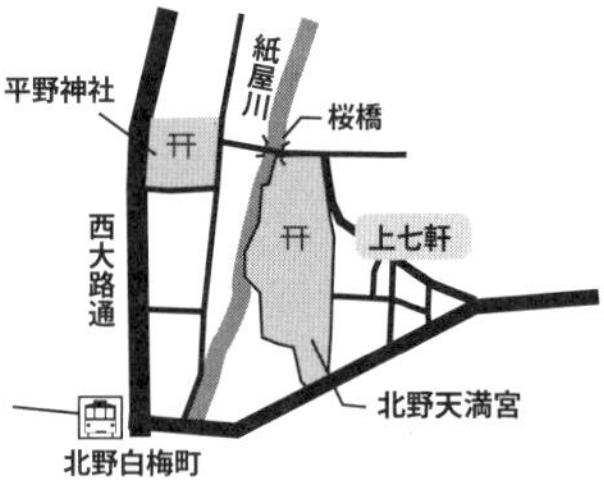

たとえば、次のような記事はどうだろう。

西京平野神社境内の涼みハ紙屋川の中へ床几を並べて篝火をたき〳〵料理屋水屋其外喰ひもの見世〔店〕なども出て〳〵なか〳〵賑やかで有りますと(1)

今から一三〇年以上も前、なんと紙屋川の中に床几を並べて、川涼みをしていたというのである。にわかに信じがたい光景だ。だが、この場所の歴史はもっとずっと古い。

さらに、それから約一七〇年ほどさかのぼり、元禄一七（一七〇四）年の『東遊草』を見ると、「社頭美尽し、鳥井の前に茶屋有、遊女多し(2)」とある。茶屋と遊女、まるで花街のような取り合わせだ。どうやら元禄年間に、平野新道はいくぶん色めいた雰囲気をかもしはじめたらしい。当時は、「直に平野へ趣候に谷川有て腰掛茶店多有、佳景なり(3)」と称賛されたごとく、谷川（紙屋川）に沿って建つ茶屋が参詣客に親しまれていた。

寛政元（一七八九）年、京都に遊んだ司馬江漢も、北野から平野へと向かう途中、ここに立ち寄っている（三月二一日）。

朝より西北の方へ行く。北野天神北の門を出、谷川に二軒茶屋あり。鯉の吸物、うなきの蒲焼あり。夫より平野の宮三社あり。桜花さかり(4)。

さらに時代が下ると、（作中ではあるのだが）弥次郎兵衛と喜多八も、この二軒茶屋を訪れていた。

こゝに紙屋川のほとりに二軒茶屋あり。ふたりは空腹となりたるに、支度せんと此茶屋にはいれば、女ども出向ひて「よふお出たわいな。ツイトおくへお出なされ　弥次「なんぞうめへものがあるかね。めしもくひたし酒ものみたし。マアちよびとしたもので、一ぱいはやくたのみやすぞ　トおく

(1)『読売新聞』明治一〇（一八七七）年八月七日。

(2)谷重遠『東遊草』宝永元（一七〇四）年（駒敏郎ほか編『史料　京都見聞記第一巻』法蔵館、一九九一年）。

(3)木村探元『京都日記』享保一九（一七三四）年（同前）。

(4)司馬江漢『江漢西遊日記』（駒敏郎ほか編『史料　京都見聞記第二巻』法蔵館、一九九一年）。

のゑんさきにこしをかけると、女てうしさかづきを、もち出る。さかなは、ほしあゆのにびたしなり　弥次「さつそく是はありがてへ。女中、ひとつつぎ給へ。…〔後略〕…[5]

女中に「奥」へと促された二人は、「干鮎の煮浸し」で一杯やり、例のごとく（駄）洒落でかけあうのだった。

❖宣長、二軒茶屋に憩う

当時、京洛の北西に遊山、参詣する人たちは、まずは北野天満宮に詣で、そこから東の門、あるいは北の門を平野新道に出て紙屋川をわたり、平野神社へ、そして金閣寺などへと参るのが一般的であった。天満宮を出た参詣客は、「谷川」の「佳景」を目にし、ほとりにある二軒茶屋に憩ったのだろう。茶屋とはいっても、実際には酒や小料理も出す、手軽な料理茶屋であった。

平野新道を訪れた文人墨客のなかで、ほかの誰にもましてその色めいた雰囲気を書き取っていた人物がいる。若き日を京都に遊学して過ごした、本居宣長である。宝暦七（一七五七）年二月二五日、北野から平野へと足を運んだ宣長は、途中にわか雨にあい、二軒茶屋で雨宿りをしていた。

紙屋川の橋わたりて、平野にまいる、此わたり、豆腐茶屋あまた侍る、いつれもにきはし、なまめける女の出て、人をよひ入れ侍る、聲〳〵いとやさしく、赤まへたれ花やかなり、さて此川をかひ川と申侍る、紙屋川の略語にや、ひらのの御社、北野のやうに人多くもまいらす、よきほとに人〳〵行かひ侍る、

さてかへり侍るに、雨ふり出たり、とくよりくもりなとはしけれと、雨ふるまてはあらしと思ひて、やういもせさりしに、ふり出ぬれは、いと心くるし、せんかたなくて、かひ川の二軒茶屋へ立

（5）十返舎一九『東海道中膝栗毛（下）』岩波文庫、一九七三年。

よりて、はれ間まつ程、酒のみ物くひ侍る、こゝは先豆府めしにて、さて酒のさかな、汲〔吸〕物なと、何にてもし侍る所也、川にのそみていとよき所也……隣席なとには、妓ともなとたすさへ来りて、ひきうたひて、いとさわき居るも有し……(6)

店先から参詣客に声をかける、艶かしい女。紙屋川の佳景を愛でながら、盃を重ねる客たち。なかには、妓を同伴する者までいた。即席の宴席といってよい。上七軒をひかえるこの地のこと、けっして花街ではないのだけれども、現在の平野鳥居前とはまるで別世界のにぎわいが、そこにはあった。

❖上七軒の起源？

京都花街の来歴を聞き書き風にまとめている渡会恵介は、上七軒の発祥について、とても興味ぶかい自説を展開している(7)。ふつう上七軒の歴史は、室町期に北野天満宮の社殿を修築した際、あまった材木を利用して東門の前に七軒の茶店を建てたことにはじまるとされる。その後、秀吉が天正一五（一五八七）年に大茶会を催した際、茶店の名物であった御手洗団子にいたく感心し、この七軒の茶店に団子を商う特権をあたえた。この故事にあやかり、現在、上七軒の紋章は団子をかたどったものとなっている。

以上が上七軒の由来に関するよく知られた語りであるのだが、渡会はこれとはまったく異なる始まりの物語をつづっていたのだった。すなわち、「北野さんの北門から平野へぬけ、北山へつづくあたりには、たくさんのミコがいやはりました」と聞き書きしつつ、さらに「明治のころは、もとより大正の中ごろまで、北野の森のあたりは席貸※が多かった」という「話」をふまえて、巫

(6)本居宣長『在京日記』（大野晋・大久保正編集校訂『本居宣長全集第十六巻』筑摩書房、一九七四年）。

(7)渡会恵介『京の花街』大陸書房、一九七七年。

※席貸……京都にしか存在しない「一見さんお断わり」の特殊な旅館（本書Ⅲ3「伝説の下河原」、Ⅳ5「京の宿」参照）。

女までもがそうした「席貸へ赴いた」と述べる。そこから彼は、上七軒の起こりを「北野の席貸へ出入りした巫女が、天満宮へ参拝する人々の楽しみの相手として栄えて行ったことは考えられることで、同じ参拝人相手の水茶屋へも出張して、いつか定着してしまったのが、上七軒の発生と思えばよかろう」と推論したのだった。

筆者は拙著『京の花街ものがたり』[8]のなかで、「いくぶんこじつけ気味であることは否めないものの、他に例を見ない面白い指摘である」とし、渡会の上七軒「巫女」起源説に曖昧な賛意を示したことがある。巫女の館はいざ知らず、少なくとも席貸は平野神社の周辺、すなわち平野鳥居前町や宮北町に認められたからであった。

『京の花街』の著者・渡会恵介は、上七軒の起源が巫女にあるという自説を補強すべく、重ねて次のような「語り」を引き、補説する。

> 「わしらの若いころは、北野の北門裏から平野へかけて、一文字屋とか三星屋・美濃屋・海老屋・山形屋・角屋という口寄せ巫女の家が、ずっとあったもんや」
> 大正の初めころの話。口寄せ料十銭、祈とう料二十銭。まるで青楼のような屋号だが、口寄せとは…〔中略〕…名目だけで、巫女は引手を使って、このころには紙屋川筋まで〝客引き〟に出て花街まがいの所業だった…〔後略〕[9]…

「……ずっとあったもんや」などという口語は、読み手にいかにも渡会自身が聞き書きしたように思わせ、彼の仮説に現実味を帯びさせる。ところが、である。これに類する、という以上に、近似する語りが存在した。

> 市電西大路金閣寺線が出来て平野神社の裏、宮北丁《ママ》はスッカリ変化してしまつた。こゝは今では一

(8) 加藤政洋『京の花街ものがたり』角川選書、二〇〇九年。

(9) 前掲、注7。

軒もなくなつたが平野の口よせとして巫子がをつて小北山とて特殊な処とせられ、多少敬遠主義をとられておつた様である、…〔中略〕…この巫子と云ふものは全国的であつて、元神に仕へた女が種々な経路から堕落して一つの娼婦となり老いて口よせ巫子となつたもので、平野にもそうした事から建物の構造も窓の具合間取の様子が一般の農家と変つておつて、其家号も二文字屋、三星屋、美濃屋、海老屋、山形屋、角屋等青楼と変わらない家号がついておつた、中には紙屋川高橋辺迄客引が出る様になつた、娼家と少しも変らなかつた、明治六年禁令が出たが中々止まない〔、〕日清戦争頃には反つて大繁昌をなし、其料金も口寄料十銭、祈禱料二十五銭が俄に高くなつた、そんな事から取締が厳しくなつて依頼者も共に罰せられたので漸く正業についてこの仕事をやらなくなつてしまつた、その家号も多くは亡くなつたが、まだ二三はそのまゝ残つてゐる。

これは、京都の著名な郷土史家・田中緑紅の『京の伝説なんやかんや』における「平野の巫子」からの引用である[10]。一見してわかるように、巫女起源説の核心を占める部分は、ここで引用した文章をほぼトレースしている。それと知らずに真に受けた拙著の記述は、痛恨の極みというほかはない。

❖平野から北野へ

田中緑紅が宮北町はすっかり変わってしまったと述べるごとく、西大路の建設に合わせた土地区画整理事業により、平野神社の北側に位置する同町は見事に十字に切られた街区となっている。もはや口寄せ巫女の存在をしのぶよすがなどありはしないのだが、巫女が紙屋川まで出張って客を引いていたなどということを思えば、平野から北野へ向かうわずかな距離も、心理地理学的に

(10)田中緑紅『京の伝説なんやかんや』郷土趣味社、一九三七年。

また違った相貌を見せるのではないだろうか。

　そんなことを思い歩いてみると、深く切り込んだ紙屋川の桜橋をわたるさい、北東のたもとにたたずむ木造の巨大な民家などは、その間取りといい、趣といい、いかにも往時の席貸と思えてならないのである。天満宮の北門から東門を抜ければ、そこはもう上七軒。絃歌《げんか》さんざめく音の風景に出合うことは稀であるが、それでも数軒のお茶屋と歌舞練場からなる街並みは、わたしたちを歴史の散歩道へと誘うことだろう。

京のこぼれ話

おどえの藪

　昭和５（1930）年、大阪毎日新聞京都支局編の『京都新百景』と題する、たいへん興味ぶかい一書が出版されている。そのなかに収録された「北野紅梅町附近」という章において、みずから北野紅梅町に住む洋画家の黒田重太郎は、菊池契月・木島桜谷・土田麦僊・岩佐古香・板倉星光・山口華楊・丸岡比呂史らの名をあげながら、「画描《えか》き町」として同所を紹介した。

　紅梅町へのアプローチを、黒田は「何しろ橋を渡るまでのところはおどえの藪といつて、このあたりから丸太町通の西へかけて鬱蒼たるものであつた」と描く。

　文中の「橋」は桜橋のひとつ下流にあたる北野橋であるのだが、同じページに挿入されたのは、なぜか「紙屋川桜橋からお土居の畑地」と題する写真であった。

　偶然にもこの写真は、桜橋のみならず、奥の「お土居の藪」、そして手前の席貸と思しき建物をも写し取った、とても貴重な１枚といえそうである。

5 近代化をめぐる相剋
―夏目漱石と京都―

❖作品の概要

夏目漱石の「門」は、明治四三(一九一〇)年三月一日から六月一二日まで東京・大阪両『朝日新聞』に連載された後、明治四四(一九一一)年一月春陽堂から単行本として刊行されている(1)。宗助と御米の夫婦生活を中心に物語は描かれる。宗助と御米は「一所になつてから今日迄六年程の長い月日を、まだ半日も気不味く暮した事はなかつた。言逆に顔を赤らめ合つた試は猶なかつた」と語られているように、「仲の好い夫婦」として描かれている。しかしながら、ふたりが「社会一般」の夫婦でないところが冒頭部分から暗示的に形容されていて、それが中盤に明かされていく展開となっている。一見幸せそうな仲睦まじいふたりに見えるが、実は「山の中にゐる心を抱いて、都会に住んでゐ」る夫婦として形容されている。

作品中、御米が宗助との子を流産する場面は、彼女が「恐ろしい罪を犯した悪人」として自覚せざるを得ない情況を象徴的に表している。こうして宗助と御米、ふたりの現在と過去が交錯する形で物語は進行していく。現在の彼らが置かれている境遇は、ふたりが一緒になる前後にその

(1)現在は、夏目漱石『門』新潮文庫、一九八六年ほかで刊行。

起因があり、その結果「徳義上の呵責を受けた」ふたりとして造型されている。そして、そのふたりが出逢う場所が〈京都〉である。

❖作品の舞台　描かれた京都

宗助は京都大学の学生で、実家が〈東京〉のため〈京都〉で下宿生活をしている。御米とはじめて出逢うのは、宗助の友人安井の下宿においてである。安井は宗助と同じ京都大学の学生（同級生）で、やはり下宿住まいをしている。安井は、「『是は僕の妹だ』といふ言葉を用ひ」て、宗助に紹介をした。友人安井の妹として登場する御米だが、ほんとうは妹ではなく、恋人であり、同棲相手である。しかしながら、作品はそのことには直截的には踏み込まず、曖昧な形で進行していく。次の引用は、宗助、安井、御米が三人で嵐山周辺にきのこ狩りに出かけるシーンだが、この描写は三人の関係が微妙に変化する様《さま》をうまく表した部分である。

其内又秋が来た。去年と同じ事情の下に、京都の秋を繰返す興味に乏しかつた宗助は、安井と御米に誘はれて茸狩に行つた時、朗かな空気のうちに又新らしい香を見出した。紅葉も三人で観た。嵯峨から山を抜けて高雄へ歩く途中で、御米は着物の裾を捲くつて、長襦袢丈を足袋の上迄牽いて、細い傘を杖にした。山の上から一町も下に見える流れに日が射して、水の底が明らかに遠くから透かされた時、御米は「京都は好い所ね」と云つて二人を顧みた。それを一所に眺めた宗助にも、京都はまつたく好い所の様に思はれた。斯う揃つて外へ出た事も珍らしくはなかつた。

それまで無聊な学生生活を送っていた宗助が、御米と出逢い、同じ空間で時間を共有することによって〈京都〉のイメージが豹変する場面である。御米は言う「京都は好い所ね」と。退屈で辟易していた京都での生活が一人の異性の出現によって、宗助にとっても「京都はまったく好い所」なった。友人の妹と説明を受けた危うさのうえに成り立つ関係が、より宗助と御米を近づけることとなる。安井の留守中に彼の下宿でふたりは会話を交わす。また、御米が宗助の下宿に訪ねてきてふたりきりになる。友人の「妹」という表向きの関係が、割合容易に物理的に（世間体からみて）抵抗も少なくふたりを接近させると同時にその危うい関係がむしろふたりをして惹かれ合う要素ともなっている。偶然出逢ったふたりが、境遇に逆らって、あるいはその境遇ゆえに離れがたき仲になっていくのである。

宗助と御米は、一緒になる選択をする。それは結果としてふたりに「徳義的に痙攣《けいれん》の苦痛」を招き、「燄《ほのお》に似た烙印を受け」ることになる。ふたりは、「親」、「親類」、「友達」、「大きく云《い》へば一般の社会を棄てた、もしくは棄てられた」のである。こうした宗助と御米の陥った状況を語り手は過去形でたんたんと述べている。作者は、宗助と御米の感情を彼等からの直接の心情の吐露として描くのではなく、比較的距離感をもった語り手を導入することによって、ふたりの関係がきわめて特異ということではなく、私たち近代人が生きていくうえで味わわなくてはならない普遍的な問題へと転化させている。それは、時間構成にも見て取れる。宗助と御米のふたりが出逢い、そして関係が密になって行く様子が、直線的な時間の経過（推移）のなかでは描かれておらず、冒頭部分においてふたりの夫婦生活がまず描き出されていることからもそれは明白である。ふたりが京都で出逢うシーンは、むしろ物語半ばで描かれる。それは、少なくとも二つの意味（要素）を含んでいるように思われる。第一は、ふたりが陥った状況を描き出すこと、あるいはその意味を問うことがこの作品の主眼であること。そのために意匠を凝らす構成となっていることがわかる。第二は、ラストシーンにおいても冒頭書き出し場面と連続する形で同じ時間軸となっており、いわば出逢いの場面が入れ子型形式で描写されているということ。人間の現実生活において起こる原因と結果が、むしろこの作品では結果が原因を浮き立たせるよう設定されていると言える。そうした時間構成に沿って作品の時間軸は、現在が〈東京〉、過去は〈京都〉を舞台として設定され、物語が展開するようはかられている。

❖夏目漱石と京都

漱石の随筆に「京に着ける夕（上・中・下）」という作品がある。(2)

京は淋しい所である。（中略）此淋しい京を、春寒の宵に、疾く走る汽車から会釈なく振り落された余は、淋しいながら、寒いながら通らねばならぬ。（中略）東京を立つ時は日本にこんな寒い所があるとは思はなかつた。昨日迄は擦れ合ふ身体から火花が出て、むく〳〵と血管を無理に越す熱き血が、汗を吹いて総身に煮浸み出はせぬかと感じた。東京は左程に烈しい所である。此刺激の強い都を去つて、突然と太古の京へ飛び下りた余は、恰も三伏の日に照り付けられた焼石が、緑りの底に空を映つさぬ暗い池へ、落ち込んだ様なものだ。

引用本文中「淋しい」、「寒い」という言葉がそれぞれ三回も繰り返されて表現されているのが、目を惹く。漱石は、〈京都〉を「淋しい所」だと感じている。それは冬の〈京都〉が気候的に「寒い」という意味のほかに、〈東京〉と比較しての言葉であることにも注意しなくてはならない。「擦れ合ふ身体から火花が出て、むく〳〵と血管を無理に越す熱き血が、汗を吹いて総身に煮浸み出はせぬかと感じ」るぐらい〈東京〉は「烈しい所である」と述べていることからもそれはわ

(2) 夏目漱石「京に着ける夕（上）」（『大阪朝日新聞』一九〇七年四月九日）、「京に着ける夕（中）」（『大阪朝日新聞』一九〇七年四月一〇日）、「京に着ける夕（下）」（『大阪朝日新聞』一九〇七年四月一一日）。なお、本書Ⅳ5「京の宿」参照。

かる。漱石は〈京都〉の寒さに「淋しさ」という感情を連ねて感じているということになる。その「淋しさ」は友人子規とともに〈京都〉を旅した思い出と無縁ではない。

> 始めて京都に来たのは十五六年の昔である。その時は正岡子規と一所であつた。麩屋町の柊屋とか云ふ家へ着いて、子規と共に京都の夜を見物に出た〔中略〕子規は死んだ。〔中略〕あ、子規は死んで仕舞つた。糸瓜の如く干枯びて死んで仕舞つた。〔中略〕余は寒い首を縮めて京都を南から北へ抜ける。

「あ、子規は死んで仕舞つた」という感情の発露、それはかけがえのない友を失ったどうしようもない「淋しさ」、孤独感と結び付いている。漱石の文芸観や生き方を受け止めてくれ、かつ理解してくれた友人子規の存在がいかに大きかったかが、この文章を通して伝わってくる。それと重なる形で近代人の「淋しさ」が表出されているのが、先述したとおりこの作品のもう一つの特徴である。この随筆は子規との交情と別れ（解逅と別離）という個人的体験から、近代人が陥らざるを得ない状況としての「淋しさ」を連続させて表現している。この時期〈東京〉は日本において最も近代化が進む都市だが、近代化の真っ最中の〈東京〉では、ほとんどの人は「淋しさ」を感じている暇がない。皆忙しいのである。「擦れ合ふ身体から火花が出」るくらい「熱く」、「烈しい」所なのである。その新都〈東京〉をしばし離れたとき、漱石は近代人が持たざるを得ない「淋しさ」を「太古の」昔から都として存在し続けた〈京都〉、その「千年の歴史を有する」古都の有り様を感得しながら実感したのだと言えよう。それは二度目の〈京都〉の旅で、「旅に寒し春を時雨れの京にして」（「日記」明治四〇年四月一日付）と詠んだ漱石の胸中にすでに去来していた感情であったと推される。近代人が根底に抱えざるを得ない「淋しさ」は、同じ〈京都〉を舞台に描かれた小説「虞美人草」(3)においても、東京との対比で人物形象に生かされ描かれている。

藤尾といふ女にそんな同情をもつてはいけない。あれは嫌な女だ。詩的であるが大人しくない。徳義心が欠乏した女である。あいつを仕舞に殺すのが一篇の主意である。〔中略〕小夜子といふ女の方がいくら可憐だか分りやしない。

これは、漱石が「虞美人草」について小宮豊隆宛書簡（明治四〇年七月一九日付）で記している文章である。書簡中漱石は、小野清三との結婚をめぐる三角関係が描かれるなかで、虚栄心の塊とでもいうべき「徳義心が欠乏した女」性、甲野藤尾と、五年間も小野を未来の夫としてひたすらおとなしく待ち続ける「過去の女」とでもいうべき「可憐」な女性、井上小夜子とを対比している。この小説が〈東京〉と〈京都〉を舞台にそれぞれの登場人物の住居の場（生活圏）として描き、彼らを交わらせることによって、衝突が起きる場面が描き出される。藤尾を〈東京〉に住まわせ、一方の小夜子は〈京都〉に「古《いにし》への人」であるかのような父とふたりで暮している。こうした〈東京〉と〈京都〉をからめたふたりの形象の対比は、先述の「京に着ける夕」でのそれと通底している意識であると言えるだろう。

それは、小説「こゝろ」(4)においても、近代における普遍的な問題として提出されている。「こゝろ」の「先生」をして「現代に生れた我々は、其犠牲としてみんな此淋しみを味はわなくてはならないでせう」と語らせる箇所は、作者の近代（社会）観が強くにじみ出ている。漱石は、この作品で「先生」の孤独がたんなる個人的経験だけに留まるものではなく、近代人の「淋しさ」を時代の孤独として描出しているのである。作品「門」においてもそれは例外ではなく、宗助と御米夫妻の形象を通して、近代人の「淋しさ」、孤独を表出させているのである。ただそのとき宗

(3) 夏目漱石『虞美人草』新潮文庫、一九五一年ほか。

(4) 夏目漱石『こころ』新潮文庫、一九五二年ほか。

助と御米の夫婦を単純な形の近代人の孤独として描き出しているのではないことにも留意しておかなくてはならない。安井という宗助にとってかけがえのない友人（御米にとっては元恋人）を裏切ってでも一緒になろうとするふたりにとって、当然背負わなくてはならない表象としての孤独と暗さなのである。そこに近代人の自我の底に存在するエゴイズムが潜んでおり、三角関係のなかで起こり得る状況として、近代社会の倫理観の問題とあわせて描き出したのである。

御米は障子の硝子に映る麗かな日影をすかして見て、「本当に難有いわね。漸くの事春になつて」と云つて、晴れ〴〵しい眉を張つた。宗助は縁に出て長く延びた爪を剪りながら、「うん、然し又ぢき冬になるよ」と答へて、下を向いたまゝ、鋏を動かしてゐた。

というラストシーンは、このふたりの生の空間を示しているとともに、宗助と御米がこれからも孤独を背負って生きていかなければならない状況を見事に表現している。冒頭とラストの時間軸が同じ針を指すように設定することによって、作者は現在のふたりを照射することに力点を置くのである。それは、宗助と御米夫妻からむしろ近代人の在り得べき関係を描出したと言ってよい。そういう視点から見るならば、この作品は逆説的な理想の夫婦像を描いてみせた作品であると言えないだろうか。なにかを得ようと思えば、なにかを犠牲にしなければならないと悟ること。それは、欲望というものが再生産されていく近代資本主義社会に生きる人間への処方箋であると同時に警鐘でもある。利己主義の欲望にまみれていく近代人からの批判摂取としてみなすことが可能であり、そこに「静かな」世界に閉じこもるふたりを造型する最大の理由があったと考えられる。結果「こんな風に淋しく睦まじく暮ら」す宗助と御米夫婦が語られるのである。

❖夏目漱石と近代

近代社会が生み出すさまざまな欲望、近代人に特有の欲について、漱石は「私の個人主義[5]」で次のように述べている。

個人主義といふものは、(中略)党派心がなくつて理非がある主義なのです。朋党を結び団隊を作つて、権力や金力のために盲動しないといふ事なのです。夫だから其裏面には人に知られない淋しさも潜んでゐるのです。既に党派でない以上、我は我の行くべき道を勝手に行く丈で、さうして是と同時に、他人の行くべき道を妨げないのだから、ある時ある場合には人間がばら〳〵にならなければなりません。其所が淋しいのです。

この作品は、大正三(一九一四)年一一月二五日に学習院・輔仁会の依頼で行われた漱石の講演記録である。ここで漱石は、「個人主義といふものは」「党派心がなくつて理非がある主義」であることを説いている。そのうえで「朋党を結び団隊を作つて、権力や金力のために盲動しない」ように戒めていることが重要である。近代という同時代に生きる若い世代の学生たち(未来の近代日本社会の担い手たち)に向けて、近代資本主義社会が経験する疎外状況を認識することの必要性と、そこに生きる人間の弱さや社会で生きるということの意味を「自己本位」、あるいは「個人主義」の持つ特質の両面を指摘する形で、自己の英国留学体験を披露しながらわかりやすく説明し、日本近代社会の問題点を提示している。右記の引用文からも明らかなように、この評論(講演記録)は近代社会に潜む欲望と対の関係で、人間に「淋しさ」が存在していることも解き明かしている。個人主義を貫いていく「ある時ある場合には人間がばら〳〵にならなければなり

(5)夏目漱石『私の個人主義』講談社学術文庫、一九七八年。

ません。其所が淋しいのです」という言葉には、漱石の孤独なる魂の叫びが、あきらめと似た形で言い表され（表現され）ているようである。

❖作品の主題・テーマと作者の意図

新設された京都帝国大学文科大学英文学科教授に招聘されたとき、漱石は学長狩野亨吉へ次のような文面の書簡（明治三九年一〇月二三日）を返信として書き送っている。

京都はい丶所に違ない。〔中略〕一体がユツタリして感じがい丶だらう。そんな点で東京と正反対だらう。僕も京都へ行きたい。〔中略〕行きたいが是は大学の先生になつて行きたいのではない。遊びに行きたいのである。自分の立脚地から云ふと感じのい丶愉快の多い所へ行くよりも感じのわるい、愉快の少ない所に居つてあく迄喧嘩をして見たい。〔中略〕僕は世の中を一大修羅場と心得てゐる。さうして其内に立つて花々しく打死をするか敵を降参させるかどつちにかして見たいと思つてゐる。〔中略〕社会一般の為めに打ち斃さんと力めつ丶ある。而して余の東京を去るは此打ち斃さんとするものを増長せしむるの嫌あるを以て、余は道義上現在の状態が持続する限りは東京を去る能はざるものである。

手紙の内容から、漱石が〈東京〉で住むことにこだわっている様子がうかがわれる。〈東京〉に居続ける決意が述べられているところがひと際目立っている。「僕は世の中を一大修羅場と心得てゐる。さうして其内に立つて花々しく打死をするか敵を降参させるかどつちにかして見たいと思つてゐる」という言葉（の意味）には、近代社会の矛盾点を凝視しようとする漱石の態度が明確に表わされていて興味深い。「余の東京を去るは此打ち斃さんとするものを増長せしむるの嫌あるを以て、余は道義上現在の状態が持続する限りは東京を去る能はざるものである」という一文には近代社会を見定めようとする漱石の覚悟が、〈東京〉で生活することと重ねて示されていることがわかる。こうした態度は、「門」をはじめとする数々の作品のなかで主要テーマとして描出されていることからも明らかであろう。そして、漱石が追求し続けた問題（意識）が、小説において逆説的に複雑な人間模様のなかで展開されていくのが、小説の世界であり、それは虚構において最も発揮されることを知る漱石の文学観と通じている。さまざまな諸相が複雑にからみ合いながら進行していくなかで私たちは人間の生が単純ではないことを知り、同時にその複雑性ゆえに微妙に揺れる心情や繊細さゆえの弱さが露呈していくのである。漱石はそのような世界を象徴性や暗示性を巧みに言葉に表象しながら描き、人間の本質に迫るべく意図している。私たち読者はそうした人間の本質なるものを作品からつかみ取ることが試され（てい）る。作者の意図ゆえに描かれた場面と、作者の意図にかかわらず現在私たちが考え、追求しなければならない課題を作品は提示しているのである。その意味からすれば、この作品における〈場〉は、作者の鋭利な意識が強く働いている箇所だと言える。〈場〉の設定と構成意識が、近代人の細心のこころ模様と近代社会の深海を最小にして最深の縮図として効果を発揮している。「門」においては、宗助と御米夫婦が生きる小世界が、実は近代人と近代社会の最小単位として、縮図してみせた空間なのである。そのなかでひっそりと暮らすことを余儀なくされているふたりがいる。

　自己本位に生き（ようとす）る近代人が、感じざるを得ない「淋しさ」、その孤独感を共有すること、そこに近代人のエゴイズムを制御する鍵が匿《かく》されていると考えた作者漱石がいる。現代人は明治の近代知識人の生きがたさの延長線上で生活しているのであり、宗助と御米のふたりの生き方は、まさに現在を生きる私たちを照射しているのである。そういう意味で、「門」はまさに近代〈人〉が共有せざるを得ない「淋しさ」を実感する物語として措定された（また逆措定としても成立する）作品である。宗助と御米、「淋しさ」を共有するふたりが惹かれ合い、接近していくこの物語は、〈京都〉という舞台〈〈場〉〉が「京に着ける夕」など他の作品で語られた「淋しさ」の位相と共通し、それらを包含する形で意味づけられており、ふたりの人生の転回点として位置づけられるだろう。

京のこぼれ話

漱石の宿泊した旅館

「柊屋」は、夏目漱石のほかに川端康成など多くの文人が泊まった宿として有名である。また、斜め向かいにある「俵屋」は、森鷗外が志けと再婚し（東京の自宅観潮楼で結婚式を挙げ）た折、小倉に向かう際京都で下車し、泊まったことでも知られている。

6 丸太町通と中原中也

❖郷里山口から京都へ——山口中学から立命館中学へ

昭和一一（一九三六）年八月に未発表評論「我が詩観」に付随して書かれた「詩的履歴書」は、中也の詩歌との出会いとその変遷が綴られたものである。これによると中也が立命館中学校（現在の立命館高等学校）第三学年編入のため郷里山口（湯田）を離れて京都に来たのは、昭和八（一九三三）年四月のことである。それまで在籍していた山口中学校で落第し、環境を変える必要性があると両親が判断したためだと思われる。このとき中也は一六歳。学業成績不振の主因は文学にのめり込みすぎたための結果であったらしい。

大正十二年春、文学に耽りて落第す。京都立命館中学に転校す。生れて始めて両親を離れ、飛び立つ思ひなり

（「詩的履歴書」）

中也はこのようにその時の心境を記している。この時期「明星」派の文芸思潮の影響を受け、たんに観賞してその世界に浸るだけでなく、みずから短歌を創作し発表している。現在、故郷山口にて一三歳から一六歳にかけて詠んだとされる短歌が一〇七首残されている。中也が創作した

短歌の旋律および内容は、「明星」派の歌人石川啄木の短歌に似ていて、啄木調模倣の色彩が濃い。その代表歌(1)をあげてみよう。

1　筆とりて手習させし我母は今は我より拙しと云ふ
2　菓子くれと母のたもとにせがみつくその子供心にもなりてみたけれ
3　芸術を遊びごとだと思つてるその心こそあはれなりけれ
4　ユラユラと曇れる空を指してゆく淡き煙よどこまでゆくか
5　腹立ちて紙三枚をさきてみぬ四枚目からが惜しく思はる
6　怒りたるあとの怒よ仁丹の二三十個をカリカリと嚙む
7　悲しみは消えず泣かれず痛む胸抱くが如く冬の夜道ゆく
8　蚊を焼けどいきもの焼きしくさみせず悪しきくさみのせざれば淋し
9　そんなことが己の問題であるものかといひこしことの苦となる此頃
10　アルプスの頂の絵をみるごとき寂しき心我に絶えざり

中也がはじめて歌を詠んだのは、本人みずから「大正四年の初め頃だつたか終頃だつたか兎も角寒い朝、その年の正月に亡くなつた弟を歌つたのが抑々の最初である」と、同じ「詩的履歴書」に認めているように、小学校一年のときで、弟亜郎（数え五歳）の病死がきっかけだったらしい。小学校六年次には、投稿した短歌（一番歌）が雑誌『婦人画報』で次選となり、続いて二月一七日付『防長新聞』に短歌三首が掲載される。父謙助と母フクの両親は「文学なんかやらせたくなかつた(2)」ようで、中学校入試に専念させるべく仕向け、中也は県立山口中学校に合格する。だが、入学後、創作および読書熱はいよいよ高まり、成績はそれに反する形で落ちていった。入学時一

（1）1…『婦人画報』（一九二〇年二月）、「懸賞和歌当選披露」欄に「次選」で掲載、選者は大口鯛二。2・3…『防長新聞』（一九二〇年四月二九日）、「山口師範附属小学校尋六　中原中也」と署名。4…『防長新聞』（一九二一年一〇月二日）、「山口中学　なかはらちうや」と署名。5…『防長新聞』（一九二一年一一月一九日）、「山口中学　中原中也」と署名。6・7…「温泉集」（合同歌集『末黒野』収録　一九二二年五月）。8…『防長新聞』（一九二二年七月二三日）、「中原中や」と署名。9…『防長新聞』（一九二二年一〇月七日）。10…『防長新聞』（一九二二年一一月一三日）。

二番だったのが、七月の学期試験では八〇番、二年進級後の試験では一二〇番となった。両親は「中也が文学をやろうとすると、邪魔ばかりし」(3)たらしい。それでも大正一〇（一九二〇）年、歌壇欄に頻繁に掲載されるようになる。また短歌会にも参加、翌年五月には吉田緒佐夢、宇佐川紅萩との合同歌集『末黒野』(4)を刊行する。そのためか学校の成績はさらに下がり、ついに翌年三月第三学年を落第する。中也自身は「ひと月読んだらわかる教科書を、中学校というところは一年もかかって教える、そんな馬鹿らしい勉強はせん」(5)というのを、父謙助が中也二年の折、家庭教師を務めた井尻民男（当時京都大学学生）に託し、京都の中学校への編入を依頼する。こうして大正一二（一九二三）年四月京都に来た中也は、冒頭に述べたとおり、立命館中学校第三学年に編入することとなる。読書と思索、そして歌の創作にふける日々を過ごしたために学業がおろそかとなり留年となった中也は、編入という形で環境を変え新たに勉学に励むことになる。

❖丸太町通で本と出会う――詩との遭遇、短歌から詩へ

中也は、京都で暮らすなか立ち寄った一軒の古本屋で一冊の本と出会うことになる。

秋の暮、寒い夜に丸太町橋際の古本屋で、『ダダイスト新吉の詩』を読む。中の数篇に感激（「詩的履歴書」）

とあるように、このとき高橋新吉の詩集と出会ったことが、その後の詩人中原中也の誕生と形成に決定的なものとなったことはいうまでもない。中也に新鮮な驚きと感動を与えた高橋新吉の代表詩の一部抜粋したものをここにあげよう。

親の手紙が泡吹いた／恋は空みた肩揺つた／俺は灰色のステツキを呑んだ／足　足／足　足／足

(2)(3)(5)中原フク述・村上護編『私の上に降る雪は―わが子中原中也を語る―』講談社、一九七三年

(4)私家版歌集。二〇〇部。頒価二〇銭。中也の短歌は「温泉集」と題して二八首が収められている。中学校二年二～三学期にかけて詠んだ歌。

足／足／万年筆の徒歩旅行／電信棒よ御辞儀しろ
皿皿皿皿皿皿皿皿皿皿皿皿皿皿皿皿皿皿皿皿／倦怠／額に蚯蚓が這ふ情熱／白米色のエプロン
で／皿を拭くな

こうした新吉の詩に衝撃を受けた中也は、その後みずから「ダダ手帳」と呼んだノートに詩を書き始める。このノートは二冊あったはずだが、現存していない。一冊は河上徹太郎に託されたが、昭和二〇（一九四五）年焼失している。他の一冊は紛失。したがって、京都時代に制作された詩として残存するのは河上徹太郎の評論「中原中也の手紙」(6)のなかに紹介されている「タバコとマントの恋」、「ダダ音楽の歌詞」の二篇がある。また、未発表小説「分らないもの」のなかに「夏の昼」(7)が登場する。これらの詩は先述の「ダダ手帳」に書かれていたものと推定される。ほかに京都時代の詩は、二八ページからなる「ノート１９２４」や正岡忠三郎宛書簡に残る。この時期に制作された中也初期の詩をあげてみよう。

古い作品の紹介者は／古代の棺はかういう風だつた、なんて断り書きをする／棺の形が如何に変らうと／ダダイストが「棺」といへば／何時の時代でも「棺」として通る所に／ダダの永遠性がある／だがダダイストは、永遠性を望むが故にダダ詩を書きはせぬ
（「ノート１９２４」）

周知のとおり、ダダイズムは大正五（一九一六）年スイス・チューリッヒにおいてトリスタン・ツアーたちによって興された芸術運動である。子供ことばである仏語「dada」（＝お馬）をシンボルとしたこの運動は、広義的には第一次世界大戦下（一九一四〜一八年）での疲弊感、閉塞感やロシア革命（一九一七年）からくる不安感などが複雑にからみあって発生したもので、あらゆる既存の体制、イデオロギーへの拒否とそこからの脱出、解放をはかる目的から出発したと考え

(6)『文學界』一九三八年一〇月、文藝春秋。
(7)「夏の昼」をここにあげる。
グランドに無雑作につまれた材木／――小猫と土橋が話をしてゐた／黄色い圧力！

られる。狭義的には旧態依然たる文芸や文章表現への反発からくる言語破壊、文法破壊を意味していた。折しも中也が京都にやって来た年の九月一日関東大震災が起きる。震災直後、首都東京は壊滅的状況で多くの施設が倒壊し麻痺するなか、一時的に文化や経済など機能の中心が関西に移行したのである。関東大震災がもたらした混乱状況は、ある意味ダダイズムを生んだヨーロッパの現況と重なるものだった。中也はこのような状況下において、期せずしてダダイズムと遭遇する。

中也が京都に来たころの韻文界（詩歌壇）は、まだ歌壇が大きな存在感を示しており、それに比べ詩壇はまだ市民権を得ていなかった。中也はそのような諸相を鑑みて以下のように述べている。

詩といふものが恰度帽子と云へば中折も鳥打もあるのに、帽子と聞くが早いか『ああいふもの』とハッキリ分るやうに分らない限り、詩は世間に喜ばれるも、喜ばれないも不振も隆盛もないものである。扨私は、明治以来詩人がゐなかつたといふのでは断じてない。まだ詩といふものが、大衆の通念の中に位置する程にはなつてゐないと云ふのである。大衆の通念の中に位置しない限り、産出される詩の非凡と平凡とを問わず、詩の用途といふものはなく、あるとすれば何か他の物の代用としての用途をしかしてゐないと云へるのである。（「詩と其の伝統」(8)）

中也は詩というものが「大衆の通念の中に位置する程にはなつて」おらず、「何か他の物の代用としての用途をしか」担っていないことを鋭く見て取っている。当時の詩壇は文語詩から口語詩へと向かう時期であり、ようやく欧米の詩がわずかな時差で原典がそのまま手に入り、若い詩人たちがみずから選別、翻訳するなかで咀嚼《そしゃく》ができるようになってきていた。それは外山正一らの『新体詩抄』（一八八二年八月）、森鷗外らの『於母影』（一八八九年八月）から始まった翻訳詩に

(8)『文學界』一九三四年七月、文藝春秋。

よる受容時代の終焉を意味していた。また一方で、日本の韻文世界での棲《す》み分けが定着し始め、文壇界においても詩の存在価値が少しずつ認められる様相を呈していたことも背景にあり、先述の中也の文言はそのような状況のなかで「大衆」という読者層にまで（問題）意識と視野を広げ、発せられたものと解釈できよう。詩の受容がようやく始まりを見せ、詩そのものの独創性が問われる時代に差しかかっていたのである。そのような日本詩壇のありようは、詩本来の存在意味を根底から問い直そうとするダダイズムに、すぐさま反応するだけの内実と機運を内包していたともいえる。したがって、日本におけるダダイストの代表詩人高橋新吉もまた、詩のあり方をめぐっての根源的な問いかけにつながる言語破壊＝意味の否定に共鳴したのであり、それは同時に既成概念からの解放をも意味していた。高橋の場合、それは具体的にはニヒリズムと重なり合い、時間的空間的にもあらゆるものに差異はなく、同様に現実界と想像界も区別はないのであり、すべては相対的で無価値であると考える。だからこそ高橋には「無限とか無とか、それはタバコとかコシマキとか単語とかと同音に響く」のである。その点において仏教的な「空」や「絶対無」などと通じる側面を有しているのであるが、その裏返しとして「自我」のみを浮き上がらせる方法が高橋の詩の独自性である。高橋の詩が常に唯一絶対的に存在するものとして「自我」が強調されて表現されるのはそのためである。「ＤＡＤＡは一切のものに自我を見る」のである。

それに対してダダイズムの強い影響下にあって、中也はどのように変容したのか。高橋新吉の詩の影響を受けつつも、その受容には明らかに相違が見られる。中也にとってダダイズムから社会的無為に根拠（存在意義）を得たことが最も大きかっただろうと推察する。中也におけるダダイズムとは、現実生活（社会）での価値観の転倒、無意味化を意味していたのではないかと考えられる。ダダイズムによる相対的視点を獲得するなかで、それまで執着していた「私」からの脱却がはかられたことが、彼に表現形式の変化をもたらす契機となったといえるだろう。ダダイストたちが主張する意味の否定は、中也には新しい意の表現として受けとめられ、相対的視点の獲得は自己と自然との遠近を意識することとなったのではないか。詩という形式のなかに「永遠の相の下に置かれた自己」を発見した中也がそこにいる。現代詩人中也が誕生した瞬間である。「ノート1924」には、そのような認識に至る過程が、右の言辞にみられる詩的言語のなかに見出すことができる。「現代文明が筆を生みました／筆は外界物です／現代人は目前のものに対するに／その筆を用ひました／発見して出来たものが不可なかつたのです」で発表された言語には、「目前のものに対する」「私」の執着と相対的視点の欠如が批判摂取されており、また、「ダダイストが「棺」といへば／何時の時代でも「棺」として通る所に／ダダの永遠性がある／だがダダイストは、永遠性を望むが故にダダ詩を書きはせぬ」という一節からは、死から生を見る遠近的な視点が導入されるとともに、芸術存在の在りかたを問う態度も同時に明示されている。このような視点の獲得や感情表現が後の中也詩の根幹をなすものであることは、次の河上徹太郎の文章(9)からも推察できる。

彼が私に遺した書きものには、他にダダの手帳と題するノートブツクが一冊ある。生前私に保管を託したものだ。それは彼が二十歳前、ダダイストであつた時、宇宙を発見したと信じ、それを一冊の中に書き留めたと信じてゐたもである。爾来、彼の文章の表現には年とともに客観性を帯びて来たが、彼の根本の世界観はそこにあるものと違つてはゐない。それを年齢や体験の加わるとともに世間と妥協したり水を割つて薄めたりすることもなかつた。此の狷介さには病的な程かたくななも

(9)『文學界』一九三八年一〇月、文藝春秋。

のがあつた。之は、少しでも自分の詩が世間から認められるころには結局段々ともの、考へ方が常識と妥協して来る一般詩人と違つた珍しい所であり、一方、精神的に彼が夭折した所以であると考へられる。

❖中也の詩、その後の展開

京都「丸太町橋際の古本屋」で見つけた高橋新吉の詩集からダダイズムを驚きと感動をもって自己の内に注入した中也は、優れた文学（作品）はかつて表現されたことのない人間のある感情を表現しており、それこそが文学における表現の最大の役割だと認識することになる。それは先述したとおり、自己をも相対化する視点のなかではじめて可能になることを発見したのである。昭和五（一九三〇）年四月『白痴群』第六号に発表された「生ひ立ちの歌」はそうした意識が結実した詩といってよかろう。

生ひ立ちの歌

I

幼年時

私の上に降る雪は／真綿のやうでありました

少年時

私の上に降る雪は／霙のやうでありました

十七―十九

私の上に降る雪は／霰のやうに散りました

二十―二十二

私の上に降る雪は／雹であるかと思はれた

二十三

私の上に降る雪は／ひどい吹雪とみえました

二十四

私の上に降る雪は／いとしめやかになりました……

Ⅱ

私の上に降る雪は／花びらのやうに降つてきます／薪の燃える音もして／凍るみ空の黝む頃
私の上に降る雪は／いとなよびやかになつかしく／手を差伸べて降りました
私の上に降る雪は／熱い額に落ちもくる／涙のやうでありました
私の上に降る雪に／いとねんごろに感謝して、神様に／長生したいと祈りました
私の上に降る雪は／いと貞潔でありました

詩のなかで「私の上に降る雪は」は、「真綿」のように白く、純潔である様《さま》が強調されている。そのような無垢なる「私」に「涙のやう」に悲しく、「寒い」ほど淋しい感情が襲う。「私」の存在の在処を冷たく降る白い「雪」に重ね合わせ、その半生にわたる真情を連ねながら抒情的に、しかも感傷的にうたい上げている。凍《い》てつき溶け込めない「私」の淋しさが繰り返し表現されることによって「私」の孤独感は一層増し、救いようのない境地へと入り込んでいきながら、それでも冷たく張り詰めた空気のなかで緊張感とともに凛とした「私」が存在することを、私たち読者に気づかせてくれる。この詩に代表されるように、「私」の孤独なる魂は、「降る雪」という自

然と重ねられ記憶されるとともに、その「私」のなかに潜むセンチメンタリズム、つまり繊細で感傷的な心のありようを表現してみせたのである。自然と感情の重なり合う比喩は、内面の感情の吐露を自然に託すことによって抒情性を生み出す。また、現代人の不安や現代社会の中での孤独は、感傷的存在という形で「私」に託されている。そこではもはや自然との重なり合いというだけの表現に留まらない意味を帯び、感情そのものが鋭敏な神経の持ち主「私」に付与されており、私たち現代人の新たな心情の創出となり得ている。こうした存在への不安は、戦争や厳しい現実（生活）と対峙したときの個人の圧倒的な存在感の無さからくる空白感としても呈出されている。先述した河上徹太郎の「年齢や体験の加わるとともに世間と妥協したり、水を割つて薄めたりすることもなかつた」という言にもある通り、純粋さゆえの生きがたさであり、同時にそれに共鳴する私たち読者の生きがたさでもある。それは私たち現代人においても意識せざるを得ない立脚点の危うさであり、競争社会のゆがみからくるidentityの喪失感と言ってもよいだろう。そのとき詩のなかで表現された「私」は、中也自身から遠く離れた現代人の様相を呈しており、「私」は中也でありながら、そこにその孤独で淋しく行き場を喪《うしな》った「私」を傍観するもう一人の中也を見出すことができる。「私の上に降り」かかる雪を遠くで俯瞰している演出家中也がいるのである。そして、そのとき孤独で淋しい「私」は、もはや作者中也の枠をはるかに超えて読者である私たちに向けられた孤独なる魂の存在へと結晶化したのである。だからこそ私たち読者は、この「私」に中也の淋しさを、そして近代人の孤独を、現代人のわれわれの哀しさを連続させて鑑賞するのである。中也の詩は、近代から現代にかけて詩が叙情から抒情へ、そして感傷詩へと連なる方向性のなかで、抒情詩から感傷詩へ昇華させた稀有な詩として位置づけることができる。

そうした抒情と感傷を持ちあわせた詩を紡《つむ》いでいるからこそ、中也の詩は自然の臨場感を備えてその鋭敏な傷つきやすい感情を吐露していて、私たち現代人の心の奥にまで迫ってくる魅力的な詩となり得ているのである。

❖京都再び、人との出会い

中也が京都で出会ったのはダダイスト高橋新吉の詩集だけではない。当時京都大学の学生で、立命館中学校の非常勤講師を勤めていた冨倉徳次郎を介して、正岡忠三郎と、あるいは富永太郎と出会っている。彼らとのその後の交友が詩人中也を語るうえで重要であることは言を待たない。冨倉や正岡、富永との交わりは彼の文芸観を高め深めるうえで欠かせない存在となっている。「ノート1924」に残された「独断」という詩の断片がその証跡を残している。

独断

「そんな筈はないが」と忠三郎は言つた。

「それやあ君が間違つてるよ。——まあ間違ひをするのは頭の好いことなんだらうけれど」太郎が言つた。それは太郎の大発見でもある。

次郎がそりかへつて「子供等のセンサクか」といふ顎でヘラヘラ笑つた。恐らく、忠三郎と太郎の二人だけの会話であつた、めに。

「何を、つまんない」鉄治が繊細な皮膚をしかめた。

「おほきな赤ちゃん等」中也が一度さう思つてまた思ひ返した。


ダダイズムに影響されるなか、大人たちが忘却の彼方に打ち棄ててしまったもののなかにも美が存在し、その美の発見こそが日常生活の退屈を取り払うことができることを詩中、忠三郎や太郎との会話を通して語っている。文芸美は驚異の産物であることを示唆している詩である。それはまた正岡忠三郎宛書簡中に記された「退屈の中の肉親的恐怖」にも端的に表れている。

退屈の中の恐怖

ダダイスト中也

多産婦よ／炭倉の地ベタの隅に詰め込まれろ！／此の日白と黒との独楽廻り廻る／世間と風の中から来た退屈と肉親的恐怖――女／制約に未だ顔向けざる頃の我／人に倣ひて賽銭投げる筒ツポオ／――とまれ！――（幻燈会夜……）／茶色の上に乳色の一閑張は地平をすべり／彼方遠き空にて止る／その上より西に東に――南に北に、ホロツホロツ／落ち、舞ひ戻り畳の上に坐り／「彼女の祖母さんとカキモチ焼いてらあ」／「それから彼女はコーラスか」／「あら？彼女は彼女のお父さんからぼうから望遠鏡手渡しされてる」／恋人の我より離れ／彼女等が肉親と語りゐたれば我が心――／ケチの焦げるにほひ／此の日白と黒との独楽廻り廻る

緊張感のない日常が「退屈」と「肉親」という言葉で象徴的に示されるなか、その恐怖におののく姿が「白と黒との独楽」に託されて表現されている。文芸の価値はその表現の内にこそ存在し、その一語の新鮮さにかかっていることが、ダダイズム影響下において言葉の組み合わせの悪さからくる未熟さを包含しながらも表されている意味は大きい。「独断」と同様、斬新さを備えた言語、表現、形式の要請をみずからに課した詩である。富倉、正岡、富永との出会いが中也をして深い詩想に導いたことは想像に難くない。

また、永井叔を介して、関東大震災直後に京都撮影所に移って来た女優長谷川泰子と出逢った

ことは彼の生涯のなかでも特筆に値する。長谷川泰子との関係は、中也をして恋愛における人間のありとあらゆる感情を、そしてやがて支配する焦燥とその挫折感を味わわせてくれるのである。(10)中也ははじめて男女の関係から発して社会と対峙する形で、人の、あるいは生きることのなんたるかを、まさに膚《はだ》で感じることとなる。それが後の詩作に大きくかかわっていることは言うまでもない。代表詩を例に引いてみよう。

サーカス(11)

幾時代かがありまして／茶色い戦争ありました／幾時代かがありまして／冬は疾風吹きました／幾時代かがありまして／今夜此処での一と殷盛り／今夜此処での一と殷盛り／サーカス小屋は高い梁／そこに一つのブランコだ／見えるともないブランコだ／頭倒さに手を垂れて／汚れ木綿の屋蓋のもと／ゆあーん　ゆよーん　ゆやゆよん／それの近くの白い灯が／安値いリボンと息を吐き／観客様はみな鰯／咽喉が鳴ります牡蠣殻と／ゆあーん　ゆよーん　ゆやゆよん／屋外は真ッ闇　闇の闇／夜は刧々と更けまする／落下傘奴のノスタルヂアと／ゆあーん　ゆよーん　ゆやゆよん

（『山羊の歌』(12)所収）

汚れつちまつた悲しみに……(13)

汚れつちまつた悲しみに／今日も小雪の降りかかる／汚れつちまつた悲しみに／今日も風さへ吹きすぎる／汚れつちまつた悲しみは／たとへば狐の革裘／汚れつちまつた悲しみは／小雪のかかつてちぢこまる／汚れつちまつた悲しみは／なにのぞむなくねがふなく／汚れつちまつた悲しみは／倦怠のうちに死を夢む／汚れつちまつた悲しみに／いたいたしくも怖気づき／汚れつちまつた悲しみに／なすところなく日は暮れる……

（『山羊の歌』(14)所収）

(10)一九二五年三月中也は泰子とともに上京。小林秀雄とは翌月富永の紹介状を持って訪ねて行ったことから親交がはじまる。一一月下旬泰子が中也のもとを去り、小林と同棲。その時の様子は中也の草稿「我が生活」（未発表稿一九二八年後半〜二九年初頭にかけての制作と推定）に綴られている。

(11)初出は『生活者』一九二九年一〇月。

(12)文圃堂書店、一九三四年一二月。限定二〇〇部（うち一五〇部頒布）。頒価三円五〇銭。四六倍判函入上製本。

(13)初出は『白痴群』一九三〇年四月。

(14)前掲、注12。

戦争に茶色を連想させ、「ゆあーん　ゆよーん」と擬態語でそのやるせなさを表現する。それはまさに戦争という現実界と詩という想像界の対比のなかで、「茶色い戦争」が現実の色を、「ゆあーん　ゆよーん」が空虚な実感を照射しているのである。長く続く閉塞感や生の不安感の払拭は芸術空間的美において可能であり、そのことを一夜にして消えゆく存在である「サーカス小屋」に象徴的に集約してみせている。だからこそ「今夜此処での一と殷盛り」が繰り返し表現されているのであり、明日は跡形もなく消える運命にある存在なのである。一片の詩もまたそのような存在だと中也には捉えられていたのかもしれない。美というものは一瞬にして永遠、それこそがこの時期中也が獲得した詩観、芸術観にほかならない。その代表詩が「サーカス」であろう。

そうした現実生活での倦怠感とともに彼の心に汚れの感覚が現れてくる。それは純潔なる精神の持ち主ゆえの心理感覚なのだが、人の情愛の儚さと脆さ、世間から隔絶された孤独からくる寒さや淋しさ、世の中の醜さを膚《はだ》で感じる経験をしたからこその表現である。「汚れつちまつた悲しみに／今日も小雪の降りかかる／汚れつちまつた悲しみに／今日も風さへ吹きすぎる」とうたう中也の心底には、「生ひ立ちの歌」に表れる「幼年時」の「真綿のやうな雪」だけが降りそそぐという風景はもはやない。「汚れつちまつた」人間の悲しみのうえに、純粋で無垢なる「雪」が降りかかる複雑な心情の様《さま》としてそれは映し出され、私たち読者を凝らせ凍らせる。それでも悲しみの心からでる涙の温もりがゆっくりと沁《し》みてくるのが、この詩の世界である。その純朴なる心からほとばしる汗の温かさを感じたとき、私たちは最も繊細で優しい魂に触れることができる。それは同時に、現実の冷たさを共有する温もりこそがこの詩の本質であることをも教えてくれる。それは浪漫主義からダダイズムの受容を経て、現実と向き合い相見えるなか育まれた、中也詩最大の特質であり、魅力であるセンチメンタリズムがそこにある。

※なお、中也の詩の引用は『新編　中原中也全集』全五巻・別巻一（角川書店、二〇〇〇年三月～二〇〇四年一一月）に拠った。また、中也および石川啄木、高橋新吉の詩中において紙面の都合上一部改行されている箇所を／線で示した。

京のこぼれ話

中原中也の成績表

現在、立命館高等学校には、中原中也の学籍簿および学業成績表が保管されている。中也は、学校を休みがちなこともあって成績は芳しくない。が、作文の成績だけは優れている。

小林秀雄との三角関係

長谷川泰子をめぐる小林秀雄との三角関係は、ことに有名だが、泰子が去った後中也は次のような文章を残している。

「私はほんとに馬鹿だつたのかもしれない。私の女を私から奪略した男の所へ、女が行くといふ日、実は私もその日家を変へたのだが、自分の荷物だけ運送屋に渡してしまふと、女の荷物の片附けを手助けしてやり、おまけに車に載せがたいワレ物の女一人で持ちきれない分を、私の敵の男が借りて待つてゐる家まで届けてやつたりした。（中略）とにかく私は自己を失つた！而も私は自己を失つたとはその時分つてはゐなかつたのである！私はたゞもう口惜しかつた、私は『口惜しき人』であつた。（中略）私は苦しかつた。そして段々人嫌ひになつていくのであつた。世界は次第に狭くなつて、やがては私を搾め殺しさうだつた。だが私は生きたかつた。生きたかつた！（中略）私は大東京の真中で、一人にされた！」（「我が生活」より）

7 「暗夜行路」のなかの京都

❖ 作品の概要

志賀直哉の長編小説「暗夜行路」は、当初「時任謙作」の題名で書き始められ（一九一二年一一月）、大正九（一九二〇）年一月「謙作の追憶」（後、序詞となる）と題して雑誌『新潮』に掲載された。翌大正一〇（一九二一）年一月から「暗夜行路 前篇」が雑誌『改造』に連載された。①その後、後篇を書き終え、単行本として座右宝刊行会から刊行されたのは、昭和一八（一九四三）年一一月のことである。(1)

作品の執筆動機・背景には、父との不和、長男直康の死など家族問題が背景に横たわっている。終始一貫して描出される作品の主題は、生（と性）をめぐる葛藤だといえるだろう。それがまるで人生の縮図であるかのような長い旅として描かれていく。前半では東京が舞台であり、おもに主人公時任謙作の複雑な生い立ちが語られる。血縁関係や当時の家（長）制度を中心に、環境と遺伝の問題が、自我の覚醒とからめて描かれている。

私が自分に祖父のある事を知つたのは、私の母が産後の病気で死に、その後二月程経つて、不意

(1) 現在は、志賀直哉『暗夜行路』新潮文庫、一九九〇年ほかから刊行。

に祖父が私の前に現はれて来た、その時であつた。私の六歳の時であつた。〔中略〕更に十日程すると、何故か私だけが其祖父の家に引き取られる事になつた。そして、私は、根岸のお行の松に近い或る横町の奥の小さい古家に引きとられて行つた。

と冒頭「主人公の追憶」として語られる祖父は、後になって実は謙作の実父であることが説き明かされていく。こうした近代日本の家制度に基づく血縁関係の問題が、環境と遺伝と自我を主題に展開していくのである。謙作はそのような環境から逃げるように京都にやってくる。

一ト月程前から此京都へ来てみて、彼は初めて幾らか救われた気持ちになつた。古い土地、古い寺、古い美術、それらに接する事が、知らず彼を其時代まで連れて行って呉れた。しかもそれらの刺激が今までのそれと全く異なつてゐた。それが現在の彼には如何によかつたか。そしてよき逃げ場であつたか。然し彼は単に逃場としてではなく、これまでさういう物に触れる機会の比較的少なかつた自分として、積極的な意味からも此土地に兎も角も暫く落ち着く事は悪くない事だと考へたのである。彼は丁度快癒期にある病人のやうな淡い快さと、静けさと、そして謙遜な心持を味はひながら、寺々を見て廻った。〔後篇　第三〕

東京から離れ、京都での生活は、謙作に静寂と落ち着きを少しずつもたらしていくことになる。京都の「古い土地、古い寺、古い美術、それらに接する事が、知らず彼を其時代まで連れて行って呉れ」るとともに、「淡い快さと、静けさと、そして謙遜な心持を味は」はせてくれることになる。

この京都の地で、謙作は直子という女性と結婚し、世帯をもつ。京都は、謙作の新婚生活が描かれる場でもある。

十日程して二人は衣笠村にいい新建ちの二階家を見つけ、其所へ引移つた。一月の、それは京都でも珍しい寒い日だつた。建つて漸く壁の乾いた所で、未だ一度も火の気の入らぬ空家では、寒さは一層身に堪えた。〔中略〕正面に丸く松の茂つた衣笠山がある。その前に金閣寺の森、奥には鷹ヶ峰の一部が見えた。それから左に愛宕山、そして右に一寸首を出せば薄く雪を頂く叡山が眺められるのである。〔中略〕二人はよく出歩いた。花園の妙心寺、太秦の広隆寺、秦の河勝を祭つた蚕の宮、御室の仁和寺、鷹ヶ峰の光悦寺、それから紫野の大徳寺など、この辺をよく散歩した。そして夜は夜で、電車に乗つて新京極の賑やかな場所へもよく出掛けた。近くでは「西陣京極」と云はれる千本通りのさう云う場所へも行つた。（後篇 第一四）

謙作が京都という地で、歴史や伝統のある寺々を拝観したり、美術を観賞するなかで、自己を回復していく姿が描き出され、そして伴侶を得て、孤独と淋しさが遠のいていく。謙作が京都市中を散策する光景は、実際作者の志賀直哉がそれまで住んでいた千葉県我孫子をあとにして、大正一二（一九二三）年三月、京都市左京区粟田口三条防に移り住んでいる[2]ことから、その生活体験が作品の描写に生かされている。

しかしながら、京都での直子との充実した生活は長く続かなかった。謙作が留守の間に、直子は不貞を犯すこととなる。京都での地は、謙作に自己を相対化させ、さらに恋愛と結婚を経てようやく自己を他者と向き合うまでに成長させてくれたにもかかわらず、一夜の予期しない（相手の）過ちゆえにもろくも瓦解する。京都という場においても安住の地を見出せなかった謙作の哀しみが伝わってくる。

その後この作品は、謙作のまさに「暗夜行路」が続く形で、尾道から四国めぐりを経て大山へ

(2)その後、志賀直哉は同年一〇月京都・山科村（現在の京都市山科区）竹鼻へ引越ししている。そして、大正一四（一九二五）年四月奈良市幸町へ移転する。京都を舞台に描いた作品は、ほかに〈山科もの〉といわれている。「瑣事」「山科の記憶」「痴情」「晩秋」がある。

と向かう筋立てとなっている。東京での自我にまつわる環境・遺伝をめぐる葛藤は、京都という地において自我の相対化と結婚を経ての他者との共存に発展継承されて描出され、そののち尾道、四国、大山へと向かうなかで、生と死の問題が自己と社会の相のなかで描かれていくことになる。

京のこぼれ話

結婚と披露宴の場所

大正12（1923）年10月、粟田口三条防から京都・山科村（現在の京都市山科区）に転居した志賀直哉は、12月に武者小路実篤の従兄にあたる勘解由小路康子と結婚した。披露宴は、円山公園内にある料亭左阿弥で行っている。

翌年、京都市北区一条通御前西５丁目衣笠園にて新婚生活を送っている。

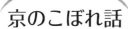

III　街をめぐる歴史・物語

島原（都名所図会）

四条河原（都林泉名勝図会）

1 西陣の歴史

❖「西陣」の発祥

京都の伝統産業といえば、西陣織を思い浮かべる人も多いだろう。帯や着物・能装束など、古くから伝わる和装の中心をなす織物であると同時に、現在はパラソルや自動車のシート・クロスなど、新たな用途・製品をも生み出している。

その西陣織の「西陣」が、一五世紀後半に起きた応仁・文明の乱の際の、布陣の位置に由来することはよく知られている。すなわち、室町将軍家・守護家内部の対立を発端として、一一年にも及ぶ東軍・西軍による戦乱が繰り広げられるなか、西軍率いる山名宗全の陣所となった地が「西陣」とよばれ、乱後この地に織物業者が集住するようになり、「西陣織」の名が生まれるようになったのである。

こうした名前の由来も手伝って、行政区域の称とも異なる「西陣」の範囲を、厳密に定義することはむずかしい。正徳元（一七一一）年成立の地誌『山州名跡志』巻一七には、「西陣地名此号如レ今東ハ堀川。西ハ限二朱雀通一。一条以北ヲ云也」とみえる一方、享保二（一七一七）年成立の『京都御役所向大概覚書』二の「洛中町数并京境西陣西京之事」には、「一、西陣」として、「東ハ堀川を限り、西ハ北野七本松を限り、北ハ大徳寺今宮旅所限り、南ハ一条限又ハ中立売通」とみえている。明治維新前には、おおむね一条以北・堀川以西を「西陣」と称したものと考えられる。(1)現在の状況について、西陣織工業組合発行のパンフレット「西陣」をみると、西陣織にかかわる業者のいる地域として、「京都市街の北西部、だいたい、上京区、北区の、南は丸太町通、北は上賀茂、東は烏丸通、西は西大路通に囲まれたあたり」を掲げている。

京都における織物産業の歴史は古く、平安時代には、律令国家体制のもとで大蔵省に所属する織部司《おりべのつかさ》や、内蔵寮の御服所に製織にたずさわる織手《おりて》のいたことが知られる。(2)一一世紀になると、これらの織手の技術が流出するなか、自家営業を行い、関白家に組織されるような織手も現れた。(3)そして一三世紀には、中国から伝わった「唐綾《からあや》織物」を織る「京中織手」の存在したことが知られ、(4)その背景には「大宿直《おおとのい》」への織手の集住があった。

この大宿直について、高橋康夫氏の研究によってみていくと、(5)もともと中務省所属の大舎人《おおとねり》が宮中において宿直・警備にあたる際の詰所であったという。そして、大内裏の衰微によって人家が構えられるようになるなか、いつしか織手が集住するようになり、室町時代初頭には織物業の中心地となっていったのである。織手たちは、奈良の春日大社や北野天満宮といった神社、あるいは万里小路《までのこうじ》家や山科家などの公家と結びつくことにより、営業特権を獲得していた。

また大宿直の範囲は、もともと、土御門《つちみかど》北・正親町《おおぎまち》南・壬生東・櫛笥《くしげ》西の方一町の街区であったが、やがて周辺地域をも含みこんだ広範囲の地域名称となり、織手のほか酒屋・土倉といった金融業者も集住する地となっていったという。そして室町時代には、祇園祭の山鉾巡行において

(1)本庄栄治郎『増訂改版西陣研究』改造社、一九三〇年。
(2)『延喜式』、『類聚三代格』。
(3)『春記』長暦三年一〇月三〇日・一一月一日条、永正三年八月七日付宣旨(『平安遺文』六六五号)。
(4)『明月記』寛喜元年一二月二九日条。
(5)高橋康夫『京都中世都市史研究』思文閣出版、一九八三年(第四章第二節「西陣の成立」)。

「大舎人の鵲鉾《かささぎぼこ》」を渡したほか、(6) 北野祭においても「馬上鉾《ばじょうぼこ》」を渡すなど、(7) 顕著な繁栄ぶりを見せたのである。

その後応仁・文明の乱が始まり、一条大宮の戦いによって大宿直の地が焼亡すると、織手は下京さらには堺など、各地に離散することとなる。そして乱後の明応年間（一四九二～一五〇〇年）に、離散していた大宿直の織手が京都に戻り集住した地が、「西陣」であった。高橋氏によれば、大宿直の地が乱後の復興から取り残されていたのに対し、西陣の新興がめざましかったこと、すでに乱前から西陣の地に井関氏をはじめとする織手の居住がみられたことなどが、西陣における織手の集住をもたらしたという。そして織手は、「大宿直」の宛字である「大舎人」を冠した「大舎人座」を結び、万里小路家を本所として機業を繁栄させていったのである。

さらに一六世紀になると、技術の改良と需要の増大によって西陣機業はいっそう発展していく。技術改良という点では、まず、応仁・文明の乱の際に、堺へ移住した織手が、中国（明）の工人から機織を学んだという。(8) 貞享元（一六八四）年成立の地誌『雍州府志《ようしゅうふし》』巻七・土産門・下の「金襴唐織《きんらんからおり》」の項には、「近世西陣ノ人、中華ノ巧ニ倣《ならい》テ、金襴・段子《どんす》・繻子《しゅす》・細綾《さや》・縐紗《しゅさ》・紋《もん》紗《さ》ノ類織ラザルコト無シ」と記されている。また、それまで使用されていた「平機」に加えて、「高機《たかばた》」が使用されるようになり、高機によって精巧な紋織を織ることが可能となった。(9)

❖近世の西陣産業と西陣機業の近代化

一七世紀に入り、元和偃武《げんなえんぶ》以降、織物の需要増加にともなって、いっそう西陣機業は盛んとなった。(10) 幕末～明治初期に成立したとされる「西陣天狗筆記」(11) によると、機業の主流を占めたのは、

(6)『尺素往来』（『群書類従』第九輯）等。
(7)『北野天満宮史料 古記録』。
(8)前掲、注1および、『京都の歴史4 桃山の開花』学藝書林、一九六九年（第四章第二節「特権商人の台頭」）。
(9)前掲、注8。
(10)前掲、注1。
(11)『日本都市生活史料集成』一、三都篇I。

中世の「大舎人座」に由緒をもつ織屋の人々で、とくに小島・井関・和久田・久松・中西・階取の六家は、元亀二（一五七一）年以降、内蔵寮織手として「御寮織物司」を称したという。同記によれば、享保一五（一七三〇）年の大火の際に、西陣の全機数七〇〇〇余りのうち三〇一二機が類焼したと記されており、一八世紀にはかなりの数の織屋のいたことがわかる。そして幕末に至るまで、西陣機業は京都第一の産業であり、西陣機業の契機によって京都市中の契機も左右される状況にあったのである(12)。

こうした機業の発展は、複雑な工程と高度な分業によって支えられていた（図1参照）。その様相を杉森哲也氏の研究によってみていくと(13)、機業の中核となったのは織屋で、彼らはすべて株仲間である織屋仲間に加入しつつ、「本家」とその分家・別家からなる、同族団の連合体を形成していたという。そしてその経営は、家族労働と、主人の世帯に属する弟子すなわち年季奉公人、および主人と雇用契約関係にある織手・糸繰（手間取職人、織屋下職）の労働によって支えられていた。織屋下職のなかには、高機の上部に座って織手の補助をする「空引《そらびき》」も含まれ（図2参照）、有名な森鷗外の「高瀬舟」において、自害する弟とこれを手助けする兄とは、空引として生活する身であった。

一方、近世を通じて、西陣機業は京都経済を支える一大産業でありながらも、一八世紀以降、様々な危機にさらされ続けた。本庄栄治郎氏によれば(14)、享保の大火や天明の大火、天保の飢饉などの災害や、桐生の紋織物や丹後の縮緬《ちりめん》、長浜縮緬など全国各地における機業の創設、これにともなう西陣機業の職人・原料・技術の流出、天保の改革時の倹約令による売り上げの減少などによって、次第に衰退を余儀なくされていったという。たとえば、本庄氏の紹介する、天明元（一

(12) 杉森哲也『近世京都の都市と社会』東京大学出版会、二〇〇八年（第Ⅲ部第八章「西陣の社会構造」）。
(13) 前掲、注11。
(14) 前掲、注1。

七八一)年に書かれた「肥後物語」には、肥後藩家中において織物が盛んとなった経緯が述べられている。すなわち、罪人として肥後を追放された夫婦が、京都西陣の織屋に雇われ、「秘事も口伝も遠慮なく」教わったのち肥後への帰参を許され、藩に織物技術を広めている。ここから他国からの流入者の存在が、京都の都市性を支え西陣機業を支える反面、技術の流出と産業の衰退をも招いていた様相が読みとれる。こうした技術や人の流出に対し、西陣の織屋は織屋仲間の間で法を定め規定したり、「西陣高機屋奉公人取究所」の設置により職人の逃亡阻止をめざしたりしたほか、幕府に陳情し、触書を得るなど、事態の打開につとめた。しかし、天保の改革後いっそう衰退し、明治維新を迎えるのである。(15)

明治維新による東京遷都、株仲間制度の廃止、服装の変化は、西陣機業の衰退に拍車をかけたものの、府知事の主導による西陣織物産会社や西陣織物会所の創立、および取引方法の革新等によって、巻き返しがはかられた。とりわけ明治五(一八七二)年、初代府知事長谷信篤によって、織工の佐倉常七・井上伊兵衛・吉田忠七の三名が「伝習生」として、技術の習得と機械の購入をめざしフランスのリヨンに派遣されたことの意義は大きく、彼らが「ジャカード機」をもたらしたことにより、再び西陣は機業の先進地域として発展していくことになる。(16)

「着物ばなれ」という言葉が聞かれるようになって久しい現代において、西陣産業の現況・行く末に懸念をおぼえる人は少なくないであろう。西陣織の五〇〇年にわたる歴史において、危機はたえず到来し、それをくぐり抜けて今日に至っている。明治五(一八七二)年に派遣された伝習生三名のうち、吉田忠七は機械の購入その他の用務によりひとり帰国を延期し、ようやく明治七(一八七四)年に帰国することとなったが、帰国船の沈没により亡くなった。産業の存続を支

(15)前掲、注1。

(16)前掲、注1。

えてきた人々の志を知り受け継ぐことが、伝統の存続を支えていくことにつながるのではなかろうか。

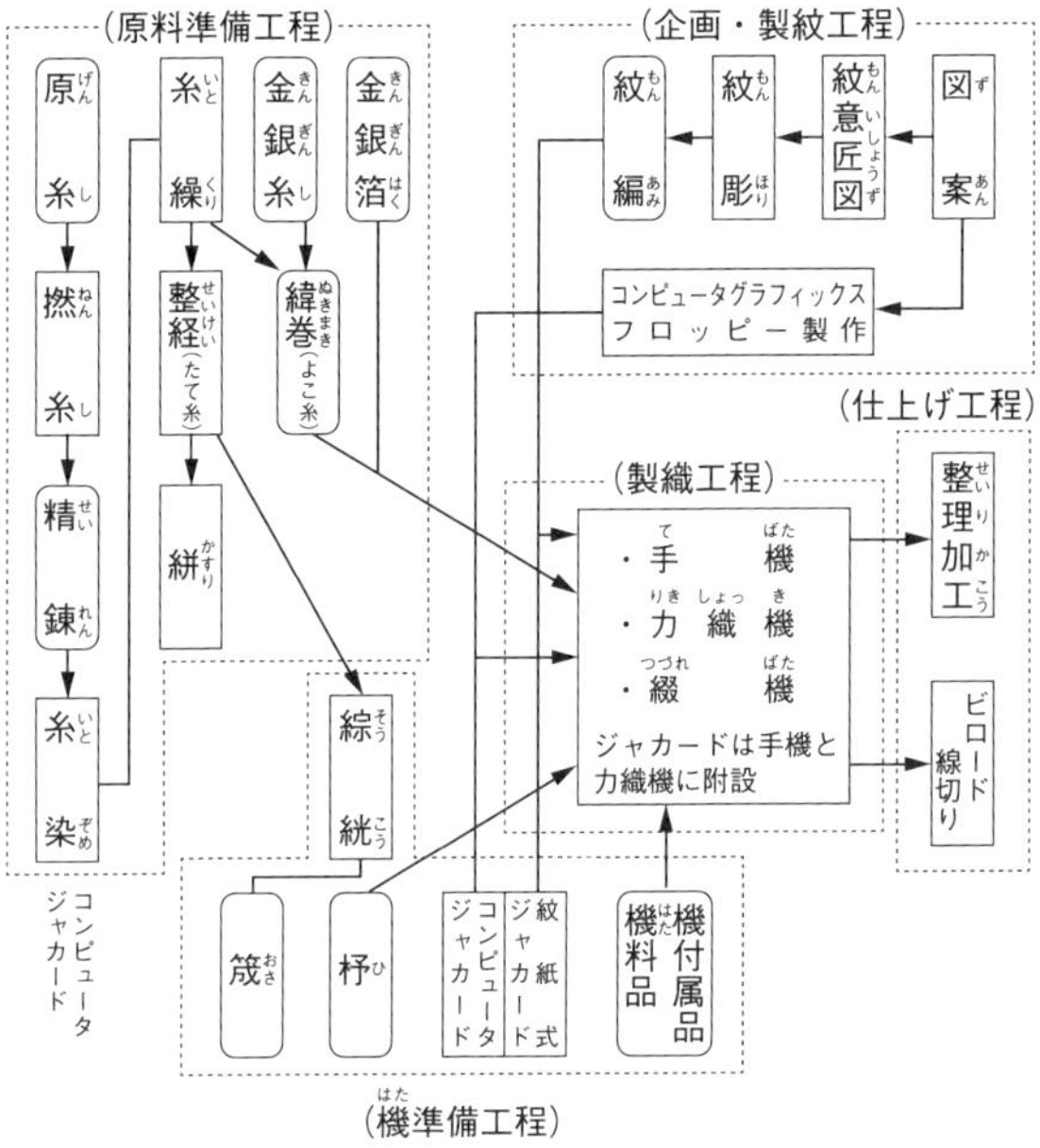

図１　西陣織工程図

出所：西陣織工業組合発行『西陣』

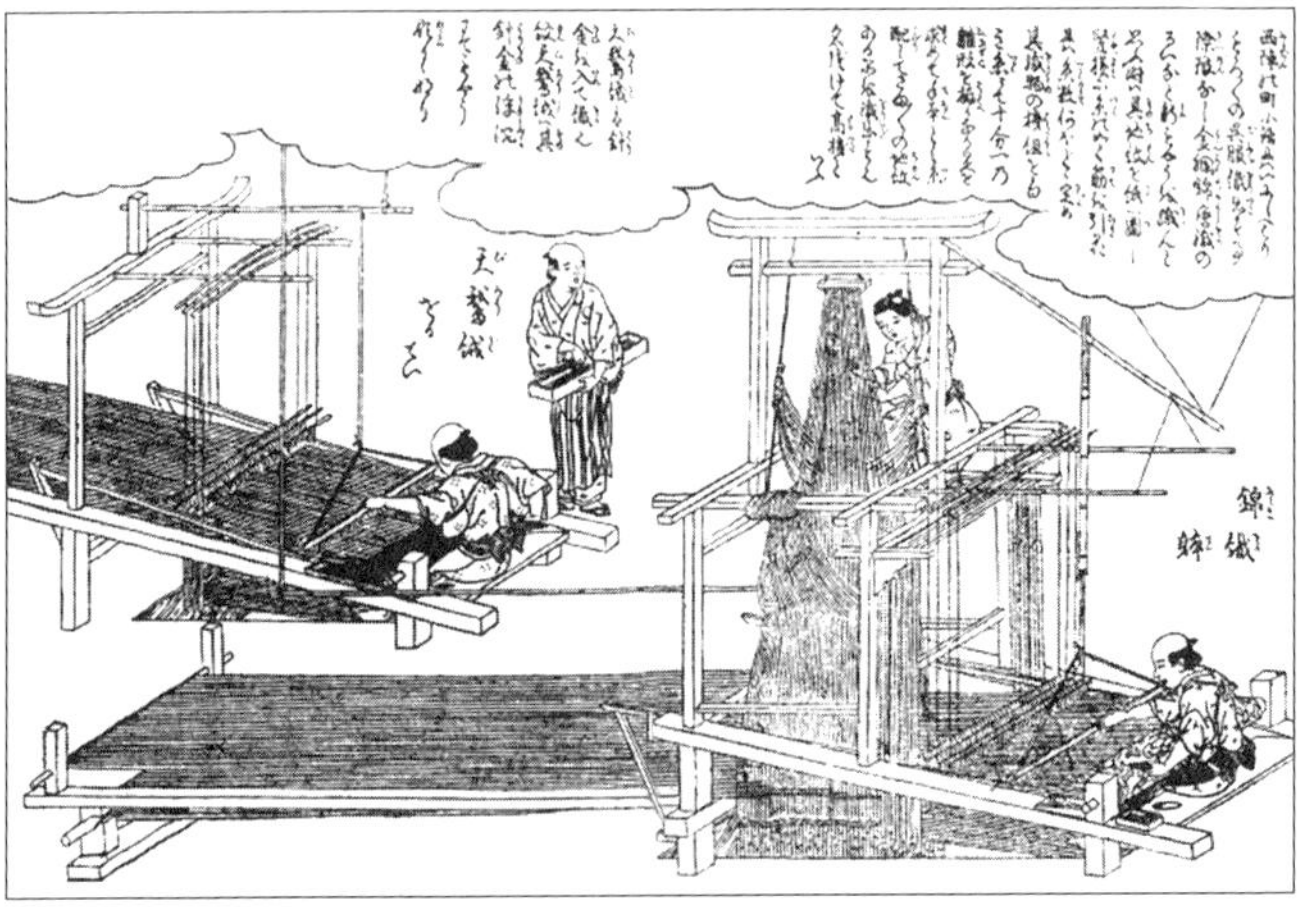

図２　江戸時代の機織りの様子

資料：『新修京都叢書６『都名所図会』

出所：国立国会図書館ウェブサイト

2　五番町と水上勉

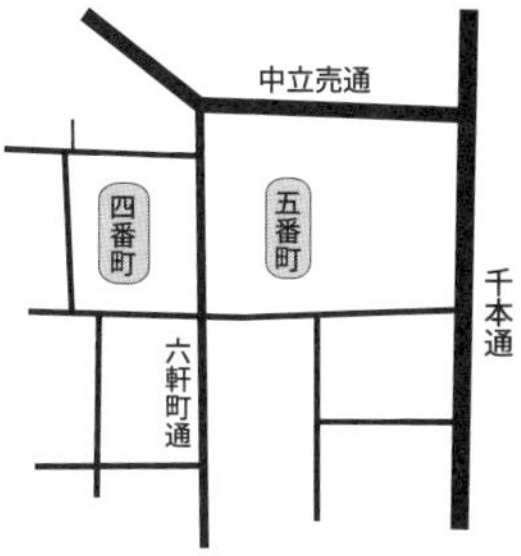

❖ 西陣の花街《五番町》

京都の旧市街地、その北西部にあたる西陣には、徳川時代から三つの廓（花街）があった。日本最古とも言われる《上七軒》、大正期には消滅した《下の森》、そして《五番町》である。

京都にはその名の知られた《祇園》や《島原》があるためなのか、それとも繁華の巷、四条河原町周辺とは対蹠的な西陣に位置するからか、これらの花街が古くから一般に知られていたとは言いがたい。いずれも小規模な廓であり、隠れ里とは言わないまでも、地元に密着した遊里だったようだ。

とかく有名性に欠ける西陣の花街のなかで、「五番町」と言えば「夕霧楼」と返ってくるほどに、その名を広く人口に膾炙《かいしゃ》させたのが、水上勉の『五番町夕霧楼』であった[1]。まずは《五番町》が描かれた場面を、少し長くなるが参照してみよう。時代設定は昭和二六（一九五一）年である。

五番町は、京都人には「ゴバンチョ」と少し早口でよばれる語調をもった、古い色街である。詳述しておくと、西陣京極のある千本中立売から、西へ約一丁ばかり市電通りを北野天神に向っ

(1)水上勉『五番町夕霧楼』新潮文庫、一九六六年。

て入った地点から南へ下る、三間幅ほどしかない通りである。この通りは丸太町まで千本と並行してのびているが、南北に通じるこの通りを中心にして、東西に入りこむ通りを含めて、凡そ二百軒からなる家々は軒なみ妓楼だった。

どの家も古い建築で、大きな塀に囲まれた構えをもつ館も二、三はあったけれども、大半は通りに面した二階家の、軒のひくい建物が多く、どの家も格子造りなのも特徴であった。終戦になる前までは、これらの家の表に面した赤や青の色ガラスのドアのあるタタキに、その館の妓《おんな》たちの写真が、額におさめられて貼りつけてあった。客たちは写真によって相方をきめ、商談にうつったのであるが、片桐夕子がきた当時の五番町には、そのような写真を飾った店は少なかった。

しかしどの家にも色ガラスをはめた昔どおりの格子の窓があり、タタキのだだっ広いフロアには、あおきやその他の室内木を植えた鉢がおかれていて、夕方になると、このタタキの入口がひらかれて、丸椅子をもち出した、ひき手婆さんとよばれる五十歳前後の女が、立ったり坐ったりしていた。この女は声が嗄れていた。道ゆく客を入れこもうとして懸命に呼びかけるのが役目である。なかには、正装した妓も戸口に出て、ひき手婆さんのわきから、

「ちょっとォ、ちょっとォ」

と声をはりあげ、通りかかる酔客を呼び入れていた。

二〇〇軒という規模は、いささか誇張に過ぎるが、売春防止法（一九五八年）が施行される前の様子を伝える描写である。

若くして《五番町》に馴染んだ水上は、この廓を「青春の町」、あるいは「人生の大学」とさえ呼んで、後にいく度となく振り返り、おりにふれて探訪している。《五番町》に対する思い入れ

は、「ああ京の五番町」「五番町遊廓付近」「千本丸太町付近」「京の五番町にて」「遊廓の女」など、随筆風の一連の作品から読み取ることができよう。

《五番町》を訪れる際、彼がきまって歩くのは、『五番町夕霧楼』でアプローチとして描かれた、中立売通を千本通から西に入り、その「一筋目」を南に下がる道であった。

久しぶりに京都の五番町遊廓跡を訪れた。千本中立売を少し西へ入った一筋目を、出水のあたりまで散歩してみたのである。むかし、まだ売春禁止法が施行される前まで、この界隈は「五番町」とよばれた遊興地の中心で、両側に妓楼がならんでいる。この通りだけでなく、もうひと筋西よりの通りと交叉する東西通りが何本かあって、その横筋も、辻のあたりはとりわけて、賑やかだった。(2)

水上は、この南北の筋を「何通りといったのかわすれた」としているが、六軒町通のことである。必ずといっていいほどこの通りを歩くのにはわけがあった。それは、彼が初めて登楼したときの強烈な印象を、いつまでも拭い去ることができなかったからである。

中学五年生のとき（一七、八歳）、修行中の寺を抜け出し《五番町》へと走った彼は、中立売から六軒町へと入る。狭い通りの右手（西側）には「寺の墓地のみえる土塀」がつづき、左手には「軒のひくい二階屋の妓楼」が建ち並んでいた。前方に見える大きな妓楼（石梅楼か?）のネオンに気圧された水上少年は、緊張のあまり「かかり口でひっかかって」しまう——つまり「中立売から入って三軒目の、軒ひさしのかたむいた何とか楼とは名ばかりの、ふつうのしもた屋を改造した置き家」にあがることになったのだ。(3)

ここで水上は、生涯忘れることのなかった妓——千鶴子さん——と出会う。その後、「小遣い銭ができると、この千鶴子さんのところへ登楼するようにな」ったといい、そのたびごとに六軒

(2) 水上勉「京の五番町にて」(『京都遍歴』立風書房、一九九四年〈初出は一九八六年〉)。

(3) 水上勉「遊郭の女—五番町—」(『京都』河出書房新社、二〇〇〇年〈初出は一九八三年〉)。

町通を歩いたのだろう。後年、《五番町》を訪れた水上は、往時のごとく六軒町を歩き、そして次のように記したのだった。

今日も、往時の町家はのこって、散策しても昔とまったく変わらぬ四、五の妓楼の建物があるので、私には懐かしい。(4)

水上勉の口から慎ましくも明け透けに語られる《五番町》の情景は、わたしたちがそこを訪れれば、木漏れ日のように街を照らして廓の残影をかたどるだろう。

変わりゆく街

旧遊廓・赤線であった街は、どこも売春防止法を境にしてその姿を大きく変えている。《五番町》もまた、例外ではなかった。売春宿として機能していた「貸席」は、同法の施行後、「お茶屋」や旅館など、もとの建築様式を活かしたサービス業に転じている。お茶屋への転業は、芸妓を本位とする純粋な花街へ生まれ変わろうとしていたことを示していると言ってよい。

それればかりではない。

洛西にある西陣新地〔＝五番町〕では、附近の繁華街「西陣京極」に対抗して総合歓楽街にし、新地全体を〝西陣横丁〟と名づけ、現在ある組合事務所をセンターに当てるなど、転業面では他所にくらべて明るい見通しだ。(5)

《五番町》から「西陣横丁」なる歓楽街へ。実際、西陣新地組合の跡地には、映画館（千本日活）が移転してくるなどの動きもあるにはあった。しかしながら、転業したお茶屋も年を追うごとに減少、その後、《五番町》が再びにぎわいの巷《ちまた》となることはなかった。

(4) 水上勉「五番町遊廓付近」（『京都遍歴』立風書房、一九九四年〔初出は一九八〇年〕）。

(5)『別冊　週刊サンケイ』一九五七年二月。

結局、周辺で細々と営業をつづける飲み屋、そして住宅に転用された廓建築とが、往時の面影をわずかに残すだけの街となってしまった。

付近に住んだことのあるという、花村萬月は言う。

　四番町あたりに行くと、懐かしいですよ。まだ当時の遊廓のまんまの建物がのこってるんです。五条楽園よりも古いぐらい。

　色ガラスのはまったステンドグラスみたいな窓が残っていたりする。大正時代の雰囲気だな。

「ああこんな所で売春してたのか」としみじみ思う。(6)

　もっとも再開発がすすんで、いまやマンションなどが林立しはじめています。近い将来、あの大正時代の雰囲気は消滅してしまうでしょうね。

懐かしさを求めたのは、なにも性を主題とする作家ばかりではない。街歩きの達人、町田忍もまた、この街には何度も足を運んだようだ。

　次に京都市内に残る、色街であった地区。

　何ケ所かあるが、そんな中で特に私が気に入っているのが上京区にあった旧色街だ。特に、入口部に「本家 石梅楼」とステンドグラスのはめ込まれた建物がいい。カーヴのある2階建てのモダンな造りで、今は個人の住居として利用されていた。(7)

色ガラスのはまった建物（おそらく、町田忍お気に入りの「石梅楼」）も、今は取り壊されて空地になっている。水上が「四、五の妓楼の建物がある」と言って歩いた六軒町も、すっかりその趣を変えた。大規模な再開発は見られないものの、ここ数年で一軒、また一軒と建て替えが進み、花村が予測したように地区全体がリニューアルされつつある。ためしに、この街を歩いてみてほ

(6)花村萬月『愛の風俗街道』光文社、二〇〇〇年。

(7)町田忍『懐かしの町散歩術』ちくま文庫、二〇〇四年。

しい。実は、花村が住んだのではないかと思しき建物も現存するのだが、それと知らずに歩けば、この街がかつて赤線であったことなど誰も気づかないのではないか。

江戸期からの遊廓、戦後は赤線としてにぎわいを生み出し、昭和三三（一九五八）年に総合歓楽街を夢見た街の歴史を伝えるのは、数軒となった廓建築とポルノ映画館の千本日活のみである。

京のこぼれ話

映画館の街――西陣

西陣は、かつて映画の街でもあった。千本通と中立売を中心とする「せんなか」の界隈、なかんずく裏町の飲食店街「西陣京極」には、「千中ミュージック」や「西陣大映」などが立地し、独特の雰囲気を持つ歓楽の巷をかたちづくっていた。

残念ながら、映画館の退潮に歯止めはかかわらず、そのほとんどが姿を消し、往時のよすがをしのぶことのできる場所も今では少ない。そのようななかで、現在も成人映画の上映をつづけている「千本日活」は、映画の街・西陣の残影と言えるかもしれない。

ここは、もともと西陣新地の組合事務所があった場所で、当初は地名・花街名にちなむ「五番街東宝」として開館している。まさに、この「五番街東宝」こそ、西陣京極に対抗する総合歓楽街の拠点となるべき映画館であったのだろう。

総合歓楽街構想が夢と消えたあとも、千本日活は500円の入場料で夢（!?）を売りつづけている。

3 伝説の下河原

八坂神社から清水寺へ

京都の花街といえば、すぐさま祇園町が思い浮かぶ。よく知られるこの伝統的花街の成り立ちについては、たとえば「祇園、清水等参詣人の為に茶店など出来たりしが、いつしか美女を抱へ、酒肴を供し、後には青楼酒館軒を並べ燈を連ね、絃歌湧くが如く、遂に京都第一の遊廓となりぬ」[1]と説明されるように、祇園社（八坂神社）と清水寺の「門前町として発達した花街」というのが一般的な位置づけであった。

とはいえ、地図を開いてみればひと目でわかるように、祇園町は、八坂神社の西の楼門に直行する四条通を挟んで南北にひろがる街区である。たとえ人の流れがあったにせよ、位置関係だけを見れば、清水の門前というにはちょっと無理があるだろうか。

けれども、八坂神社から清水寺へと向かう参詣者が歩いたであろう街路、八坂神社の鳥居前から南にまっすぐ伸びる通り、すなわち《下河原》とその界隈には、今もって語り継がれている、たいへん興味ぶかい伝説がある。たとえば比較的新しいガイドブックを開いてみると、「下河原

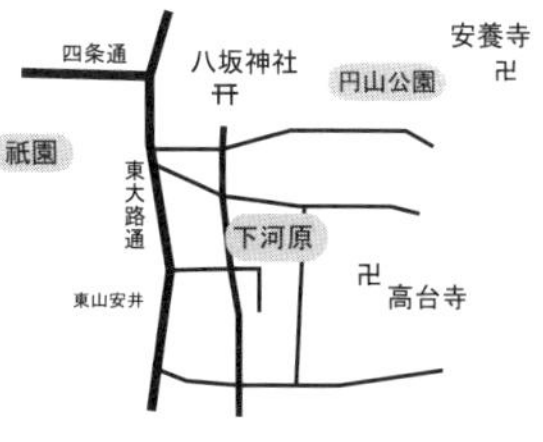

（1）京都市『新撰京都名勝誌』京都市教育会、一九一三年。引用は一五三頁より。

通」の項目には、次のように記されている。

慶長一〇（一六〇五）年、北政所が夫豊臣秀吉の菩提を弔うために高台寺を創建、舞芸に達者な女性がこの地に召し出された。のちに下河原遊廓となり明治に廃絶した。旅館、料亭が多いのはその名残だ。(2)

なんと、北政所（ねね）にまでさかのぼる歴史を持つ、祇園新地とはまったく別の遊廓が存在したというのである。「下河原が遊廓だった」などと言えば、この地を訪れたことのある人は驚きを隠しえないだろう。だが、調べてみると、これとよく似た語りをいくつも目にすることができる。

この界隈の歴史＝物語をたどりなおしてみれば、たんに観光スポットを結ぶだけの道筋というにはとどまらない、まったく別の相貌が浮かび上がってくる。

❖東山の麓に住まう猫

京都花街の歴史をひもとく際に必ず引かれる史料『京都府下遊廓由緒』にも、下河原にまつわる貴重な由緒書きがあるので、まずはそちらを参照してみよう。

下河原の舞芸者は白拍子の流れを汲む者たちである。故北政所が高台寺を造立した際、もともと政所のもとに出入りしていた舞芸者たちも、近傍の真葛ケ原へと追々移り住んだ。彼女たちは抱え主ともども高台寺の家来に当たると言われて、年貢などは免除されていた。高台院（北政所）が亡くなった後、これら舞芸者たちは円山の安養寺や近辺の客席へ出向いて舞を披露し、その祝儀をもってなりわいにしていたという。(3)

(2)森谷尅久監修『ビジュアル・ワイド京都の大路小路』小学館、二〇〇三年。引用は二六六頁より。

(3)『京都府下遊廓由緒』（新撰　京都叢書刊行会編『新撰　京都叢書　第九巻』臨川書店、一九八六年）。

これには「旧記無之古伝」（文字資料はなく、ただこのように伝えられているのみ）という但し書きがあり、言い伝えの域を出るものではない。だが、たとえそうであっても、明治初期の下河原に存在した花街の芸妓たちが、北政所に由来するとされていることには、やはり興味が持たれる。

しかも下河原の芸妓には、固有の呼び名があった。一名、山猫（山根子）という。東山の麓に居を構える、つまり山の根に住まう芸子というところから山根子となり、いつしかそれが転じて山猫と呼ばれるようになったらしい。

そして山猫と呼ばれた芸妓たちは、明治末期まで語り継がれるのである。

> 「下河原の山根子」維新前迄は彼の下河原に山根子と謂ひなしたる歌妓ありて諸藩士の多く入京したる際には杯盤の間に周旋したるもの多く、其以前より舞の会とて此の地の歌妓に絃歌舞曲に堪能なるもの多かりしか、冬枯の霜時にも胡蝶の舞などありて京名物の一なりしが祇園町の繁盛するに連れみな茲へ移りて今は其影だになし、去れば祇園老妓の中には山根子なりし人もあらん。(4)

このように、山猫は歌舞に秀でる、都でも指折りの芸妓衆として知られていた。維新後、彼女たちがその存在を世間に知らしめた出来事がある。明治五（一八七二）年、京都博覧会の余興として行われた付《つけ》博覧会で、祇園の都踊、先斗町の鴨川踊とともに、下河原の東山踊が披露されたのだ。詳細は伝えられていないものの、「京名物」のひとつと謳われた山猫の踊りであるだけに、都踊や鴨川踊に負けず劣らずの喝采を浴びたにちがいない。

都踊や鴨川踊は現在にいたるまで受け継がれてきた一方、東山踊は「下河原地域の山根子と共に其の名実を失」う(5)が、「祇園老妓の中には山根子なりし人もあらん」というのだから、その名を失ってなお祇園町の歌舞音曲の発展に貢献したのだろう(6)。

(4) 京都出版協会編『二十世紀之京都　天之巻』京都出版協会、一九〇八年。引用は九一—九二頁より。
(5) 京都府編『京都府誌　下』京都府、一九一五年。
(6) この点については、以下の文献も参照されたい。加藤政洋『京の花街ものがたり』角川選書、二〇〇九年。

風流の街

では、山猫が姿を消した後、下河原はどうなったのであろうか。花街として存続できなかったこの街は、「下河原　安井神社の東八坂神社の正面をいふ此辺風流の茶店酒楼多し」(7)というように、茶店や酒楼からなる「風流の街」となっていた。

時代が移ると、この街はまた別の性格を帯びるようになる。「私の好きな京の街々」というエッセーで「下河原は鴨涯の木屋町と同格の、風流粋士の必ず知つてゐなければならぬ土地」、あるいは「祇園神社の正門を南に出ると南北に通つた下河原の町には旅館と入口に誌した意気づくりの家が多い」と描いた作家の近松秋江は、その代表作「黒髪」の一場面に下河原をもちいている。

……そこから少し東山よりの方へ上っていったところにある、とある旅館にいって泊ることにした。それというのも、その旅館へはその女とも一緒によく泊りにいったことのある馴染みふかい家であったからだ。そのあたりは、そんな種類の女の住んでいる祇園町に近いところで、三条の木屋町でなければ下河原といわれて、祇園町の女の出場所になっている洒落れた土地であった。それは東山の麓に近い高みになっていて、閑雅な京都の中でも取り分けて閑寂なので人に悦ばれるところであった。(8)

いかにも祇園町周辺といった趣の艶のある風景だ。近松秋江と同様、郷土史家の田中緑紅もまた山猫の存在を念頭に置きつつ、下河原には二軒茶屋・鳥居本・美濃幸などの有名料亭が立地することも踏まえて、「花街はなくなつたが席貸旅館や妾宅がならび、下河原と云へば余程酔な場

(7)志水鳩峰著『京都名勝図絵』風月堂、一八九五年。引用は五七頁より。

(8)近松秋江「私の好きな京の街々」(秋田貢四編『夜の京阪』文久社出版部、一九二〇年)。

所と思はれてゐる」と紹介したのだった[9]。

「公園の南方は下河原で清洒なまた小意気な旅館が並んでゐて、雇仲居の出入が頻繁である」[10]という、川柳作家・岸本水府の指摘も興味ぶかい。下河原は、いっそう洗練された旅館街に発展するとともに、「雇仲居」と称される——芸妓と酌婦の中間に位置するような——職種の女性たちが出入りするようにもなっていた[11]。

昭和初年、祇園から下河原へ移り旅館の女将となったある女性は、「下河原は立派なもんどす、木屋町に負けしまへんけど。祇園町とは又別な世界どすさかい」と述べて、次のような感想を記している。

近頃はこの辺で雇仲居はんが発展してはる話は聞いてますけど、さあどうどつしやろかな……あてらまだ若いよつて山猫ちゆうた時代の話は知りまへんが、どうも昔から旦那はんらの遊ばはる土地柄に出けてるらしいおすな。東京の偉いお方が京都に来やはつたら大がい一ぺんは下河原へ見えますさかい。下河原も都の名物になつたといふもんどす[12]。

雇仲居の出入りについてはとぼけたふりをしているものの、山猫にまでさかのぼる遊蕩の場という直感はおそらく正しい。山猫伝説を継ぐ風流の街、下河原。祇園町の影に隠れて、そこには実に興味ぶかい歴史が存在したのだった。

❖下河原を歩く

山猫伝説の舞台と想ってこの通りを歩けば、また違った雰囲気が感じられるかもしれない。出発点は、八坂神社の鳥居内がよい。ここには、かつて二軒茶屋と呼ばれた中村楼がある。江戸期

(9)田中緑紅『京の伝説なんやかんや』郷土趣味社、一九三七年。

(10)岸本水府『京阪神盛り場めぐり』誠文堂、一九二九年。引用は八四頁より。

(11)雇仲居については、前掲の拙著『京の花街ものがたり』を参照されたい。

(12)佐々木やゑ「八阪下河原」(大阪毎日新聞社京都支局編『京都新百景』新時代社、一九三〇年)。引用は八三頁より。

に料理茶屋、明治期には西洋料理、ホテルなども兼業する料理屋に転じた、そんな由緒のある料亭だ。

鳥居をくぐり、南へと歩をすすめる。いくぶん拡幅された街路景観には、残念ながら往時を偲ぶよすがはあまりない。けれども、二〇〇メートルほど歩いたら、左手に見える（くぐりのある）細い路地に迷わず入ろう。きれいな石畳の路地風景は、風流の茶店や酒楼、あるいは小粋な旅館が建ち並んだというかつての下河原を思わせないでもない。ここは大正期に開発されたという石塀小路で、やはり席貸（と称された特異な旅館）が立地した場所である。料理屋にお茶屋、そして橋爪功主演の連続ドラマで知られる旅館など、京都でも他では見られない風情がある。

この路地を南東側に抜ければ、そこは高台寺の門前、通称「ねねの道」だ。路地の閑寂が嘘であったかのように、観光客が行き交っていることだろう。

4 島原の太夫道中

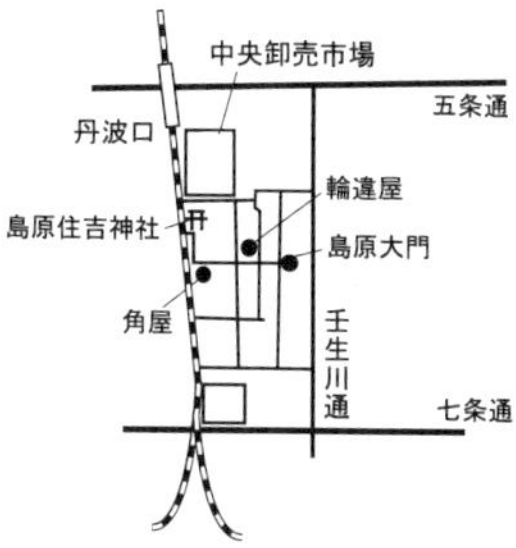

戦後初の太夫道中

劇作家として演劇界に多大な貢献をし、源氏物語に題材を取った戯曲や祭礼に関する作品を数多く残したことで知られる北條秀司に、「島原の廓」と題した短い随想がある。(1) それは花柳章太郎の提案にもとづいて、ある楼の女将を芝居にすべく幾度となく島原を訪れていた北條が、太夫道中の開催に合わせ花柳と落ち合い見物するまでのさまを描いたものだ。「終戦後はじめて」の太夫道中であったことから、はからずもかれの随想は、否が応でも浮き立つ「廓のさま」を映し出している。

「我国遊廓といふ名のつく最初の所」(2)とも称される《島原》は、その歴史と有名性において、祇園町とともに近代京都を代表する花街であった。その《島原》における一年を通じて最大のイヴエント、それが「太夫道中」である。

「島原太夫道中《しまばらたいふのだうちゆう》」四月二十一日、京都島原遊廓の太夫が綺羅を飾り八文字を踏んで廓内を練つて行く行事である。花車や花籠の車を童女が曳くあとを、盛装を凝らした太夫が禿《かむろ》・引舟《ひきぶね》をつれ、三本

(1)北條秀司『京の日』雪華社、一九六六年。
(2)江馬務『日本歳時史 京都の部』内外出版、一九二二年。

> 歯の黒塗の下駄を穿いて悠々と練り歩く。男衆がうしろから大きな傘をさしかけて行くのであつて、最終のものは傘止太夫といつて、太夫中の名妓がなる掟である。当日は早くから大門を鎖すが、群集は廓内に満ちて居る。

高浜虚子は、歳時記のなかで「太夫道中」をこのように説明していた(3)。そもそもこのイヴェントが、いつどのようにして創始されたのかはさだかでないものの、廓内の大揚屋※である角屋の当主によって編まれた明治・大正期のガイドブック『波娜婀娵女《はなあやめ》』(4)には、次のように記されている。

> 往古は毎月廿一日に廓中の太夫の道中を行なひしものなれども、今は毎年四月廿一日にのみ之を行ふ、但し新しき太夫の店出しありたる日は何時にても之を行ふことは今も昔に変らず。総道中の順序は造花を以て美しく飾りたる花車を多くの芸妓が異装して手に〳〵扇をかざしながら静かに曳き、其後より太夫は差かけ傘にて二人の禿を先に八文字を踏みつゝ道筋《どうすじ》を揚屋町まで練り歩行《ある》くなり、殿なるを「傘止」といふ、廓内最も全盛の太夫之に与る。

これによると、店出しの道中のくわえ、かつては月次の行事としても行われていたことがわかる。前者は明治期にも変わらず行われていたものの、後者は毎年四月二一日に限定されていた。また、江馬務『日本歳事史　京都の部』(5)によると、太夫道中は「花寄の遺風」とされ、寛永期に成立したのちは永らく中絶、「維新後」に「再興」されたことで、「京洛否日本の名物」になったという。「……道中は維新後に再興され四月壬生念仏発願《はじめ》の日に十五六若くは十八九人の太夫が廓中に連歩を運び近来は其服装にも追々美を尽す事となり……」という指摘もあるので(6)、四月の二一日にさだまった背景には、壬生寺とのかかわり、あるいはやはり毎月二一日に開かれる東寺の市とも関係があったのかもしれない。

(3) 高濱虚子『新歳時記』三省堂、二〇〇七年、二二二―二二三頁。

※揚屋……あげや。太夫を招いて宴席をもうける座敷をそなえた家屋のこと。

(4) 中川徳右衛門『波娜婀娵女』中川徳右衛門、一九二五年、六四頁。

(5) 前掲、注2。

(6) 多景の門志づえ「京都の花街」(佐々政一編『夜の京阪』金港堂、一九〇三年)。

ところで、北條秀司は末尾に「昭和三十年記」とある「島原の廓」のなかで、（この年の？）四月に行われた道中を「終戦後はじめて」としているのだが、昭和二一（一九四六）年九月二一日付の『読売新聞』には、小さい記事ながらも写真付きで、「京洛島原に再現」された「太夫道中」の模様が報じられている。

寛永の昔より三百五十年の歴史を持つ京の島原が誇る太夫道中が十八日十年ぶりに復活、昔ながらの髪かけ、金糸銀糸の目もくらむばかりの衣装や長柄の傘、黒塗の下駄に踏む八文字の姿が参観の人々を喜ばせた…〔後略〕…

このときはどうやら日を選ばずに開催されたようだ。「島原の廓」には、「終戦後マッカーサー司令部によって、道中を禁止された……」とあるので、このあと昭和二〇年代を通じて、執り行なわれることはなかったのかもしれない。

❖廓内の風景

一足先に島原へとやってきた北條秀司は、「混まないうちに」と、廓内を「ぐるりと一廻りして」いる。

一口に島原と言っても、古風な太夫遊びをさせる揚屋は、角屋、青木楼、輪違屋の三軒だけで、あとは全部パーマ、ルージュの接客婦を置いた家ばかりだが、今日はどの店も毛氈を敷き、一応その昔に返った廓風景である。しかし、住込みの接客婦達には古臭い太夫道中など興味はないらしく、ハンドバックを手に、颯爽と遊びに出かけるハイヒール姿が目にはいった。(7)

大正・昭和戦前期とは、廓内の風景もさまがわりしていたのだった。道中それ自体も例外では

(7) 前掲、注1。

ない。「出発地点である見番の土間では、輪違屋の仲居さん達が、今日一日だけの禿《かむろ》衆のために、道中のあるき方を教えて」いる光景が見られたほか、道中に参列する「太夫」は一一人であるものの、実際には太夫が五人しかいなかったため、「廓芸者が扮する」ことになっていたという。

そして太夫一人が引舟一人と禿二人を連れ、そこに傘持ちの男性が随行することから、「総勢何十人という大人数」となったものの、戦前の道中はもっと大規模であった。たとえば、大正一五（一九二六）年の「島原太夫道中御案内」によれば、一五人の太夫が参加している。禿二名、引舟一名という配置は変わらないものの、傘止め（殿）をつとめる選ばれし太夫は、六名の禿に引舟一名を引き連れているので、行列はいっそう長かったものと思われる。

さて、このときの太夫道中は時代行列よろしく、特定の時代の衣装があてがわれていたようだ。「寛永時代、文政時代、明治時代などと墨書された紙」の下に姿見を置き、日本画家・風俗史研究者として知られる吉川観方がその扮装を「厳しく検分して」いたとのこと。なかには、納得できない太夫もいたらしい。

> 「うちこんな地味な衣裳かなんわ」
> 享保時代の太夫になるお初つぁんの娘が、かわいい頬べたをふくらしている。観方先生へ頼みに行ってやったお初つぁんが戻って来て
> 「あかん。この時代は吉宗はんちゅう将軍さんが、贅沢を禁止しはったんやて。そやさかいお金のかからん着物になってるのやと」
> 「ン。しょうむない」
> そばで元禄時代の華美な衣裳を着終った芸者が、ピースの煙を吐きながら、ニヤニヤわらって

いる。[8]

紫煙をはく芸妓が扮装する元禄時代の太夫。いかにも混交的な「伝統」の風景であるのだが、そもそも太夫道中はいつから時代行列になったのだろう……。

❖ 虚子の見た太夫道中

「島原太夫道中」を季題に選んだ高浜虚子は、実際、道中を見学したことがあった。「島原の太夫の道中」[9]によると、最初に見たのは、まだ「高等学校の帽子を被つて」いた時分の明治二六（一八九三）年で、当時の島原は「……さびれてゐて、すぐ裏は蛙の鳴いてゐる田圃」であり、道中それ自体も「見物人も余り大勢で無く、何だか淋しいものであつたやうに記憶している」。その時の様子を、新聞記事から採録しておこう。

「島原太夫の道中」　京都島原遊廓の八重桜ハ今や満開にて実に天花の繽粉たるが如くなれバ今二十一日ハ東寺弘法大師の賽日と壬生寺の狂言とを当て込み廓内に於て太夫の道中をなすよし其番組ハ第一に花車を曳き出し次に薄雲太夫・清花太夫・金太夫・小太夫・美吉野太夫・初吉太夫・仙太夫・濃紫太夫・尾上太夫・小車太夫・松人太夫・光扇太夫・大井太夫・小町太夫・松鶴太夫等色ある君たち裲襠《うちかけ》姿嫋《たを》やかに薫《た》き籠むる伽羅に身を包みて押出す由何れも立派なる衣装を新調し且つ別嬪揃ひの上年に一度の道中なれば同廓ハ近年になき賑ひなるべしといふ

（『読売新聞』明治二六年四月二一日）

若かりし日の虚子が見物した太夫道中は、実のところ、島原にとっては画期をなす開催であった。というのも、明治前期の島原は衰亡の危機に瀕しており、まさに虚子が訪れた明治二六（一

(8) 前掲、注1。

(9)『ほととぎす』昭和三年八月号。

八九三）年、現在いうところの「まちづくり」に相当する事業が企図されていたのである。その主たる内容は、歴史ある景観の保全・修繕にあったのだが、合わせて維新後に廓外で行われていた道中を「旧式の如く廓内にて為さしむる」ことが宣言されていたからだ。

二月に報じられた廓内の開催を、業者たちは言葉どおりに実現――実際に再現――したのである。まさに画期となる太夫道中を、偶然にも虚子は目の当たりにしたのだった。とはいえ、いささか記憶のかなたにいってしまっていたようで、残念ながら彼の口から道中の感想が語られることはなかったのだが……。

5 「檸檬」の足跡

❖作品の概要

梶井基次郎の「檸檬《れもん》」は、「えたいの知れない不吉な塊」を胸に抱いた青年が、京都・二条寺町の八百屋で買った一顆のレモンで、なんとなく幸せな気分になり、日ごろ重苦しく迫る「丸善」の美術書の上にレモンを置き、そのレモンが爆発するのを空想しながら立ち去るという物語である。青春の倦怠、彷徨《ほうこう》をテーマに詩情あふれる筆致で描いた珠玉の短編小説として有名である。(1)初出は、大正一四（一九二五）年一月、外村茂（後に「繁」の筆名となる）や中谷孝雄らとの同人雑誌『青空』創刊号（青空社発行）である。(2)昭和六（一九三一）年五月には創作集『檸檬』（武蔵野書院）に収録され、単行本として（五〇〇部）刊行されている。(3)梶井基次郎の第一作（デビュー作）であり、このとき作者二五歳、旧制第三高等学校を経て、東京帝国大学英吉利文学科在籍中のころである。

本章では、この物語の主人公「私」が京都の地のどこから来て、どこに向かったのか。このなかに作品の主題、言い替えれば「不吉な塊」の正体が匿《かく》されていると考える。この作品に描かれ

(1)原稿は、現在、日本近代文学館が所蔵している。誤植（「不吉な魂」、「浮浪つ続けてゐる。」）など多数あり。習作「瀬山の話」から作品「檸檬」へ改題改作されたもの。

(2)「青空」第二号には「城のある町にて」を発表。「青空」は第二八号をもって、昭和二（一九二七）年六月廃刊。

(3)現在は、梶井基次郎『檸檬』角川文庫、二〇一三年ほかから刊行。

た京都を作品の結構に沿って「私」の足取りを中心に読み進めていきたい。

（1）ある朝――その頃私は甲の友達から乙の友達へといふふうに友達の下宿を転々としてくらしていたのだが、――友達が学校へでてしまつたあとの空虚な空気のなかにぽつねんと一人取り残された。

（2）何かが私を追い立てる。そして街から街へ、〔中略〕たうたう私は二条の方へ寺町を下り、その果物屋で足を留めた。〔中略〕その日私はいつになくその店で買物をした。といふのはその店には珍しい檸檬が出てゐたのだ。

（3）どこをどう歩いたのだろう、私が最後に立つたのは丸善の前だつた。

（4）そして私は活動写真の看板画が奇体な趣きで街を彩つてゐる京極を下つて行った。

右記引用は、作品中の「私」の主な足跡を列挙したものである。地名で推すると、（1）百万遍周辺→（2）二条寺町→（3）三条麩屋《ふや》町→（4）三条から四条京極へとなる。主人公「私」に関連する建物で表記すると、（1）第三高等学校周辺（友達の下宿）→（2）果物屋→（3）丸善→（4）繁華街（歓楽街）となる。これらを〈場〉の象徴性で示すと、（1）学問の場→（2）生活の場→（3）学問や芸術などの外国文化→（4）風俗となる。これらの道順は、「私」の内面と深くかかわって描かれていることは想像に難くない。「不吉な塊が私の心を始終圧へつけてゐた」原因は、作品中から、①肺尖カタル、②神経衰弱、③借金、④宿酔と推測できる。学問と借金から解放されたいという思いを夢想という形で描出した作品であり、「檸檬」と「丸善」での行為によって「私」の鬱屈した心情の一時的な解放をはかる物語となっている。夢想という行為はこの作品においては、「錯覚」「想像の絵具」という語で現実生活との乖離《かいり》という形で表現されている。

(1)第一に安静
(2)がらんとした旅館の一室。清浄な蒲団。匂いのいい蚊帳と糊のよくきいた浴衣。そこで一月ほど何も思はず横になりたい。
(3)書籍、学生、勘定台、これらはみな借金取りの亡霊のやうに私には見えるのだつた。
(4)檸檬の冷たさはたとへやうもなくよかつた。〔中略〕実際あんな単純な冷覚や触覚や臭覚や視覚が、ずつと昔からこればかり探していたのだと言いたくなつたほど私にしつくりしたなんて私は不思議に思へる。

あたかも夢想することと自体が文学や芸術の領域でもあるかのごとく描かれていて、作者の文芸観が巧妙に暗喩されている箇所だといえる。それとともに浮かび上がるのは、第三高等学校や寺や丸善に象徴される〈聖〉なる場と、八百屋や京極通に代表される〈俗〉との対照である。「丸善の棚に黄金色に輝く爆弾を仕掛けて」精神の開放をもくろむ、病んだ「私」がそこにいる。この「私」の「不吉な塊」、退廃した生活の根本的な理由と背景は、この作品は示しているのだろうか。私たち読者は、主人公「私」がその後向かった先を予測することによってその解答を得られるのではと考える。つまり、「私」は三条から四条へと風俗的快楽を味わえる京極通を下り、五条界隈に広がる遊郭街へと歩を進めていったのではないかと推測する。安易に〈都合よく〉作者梶井基次郎の現実生活と重ねることは避けたいが、「ある心の風景」という作品中に「夢」を題材に描いている文章がある。それを引用してみよう。

醒めても、変な肉体的な感じが、気味悪く残つてゐた。〔中略〕あれだと心の一方で信じてゐるのを押し殺して、母にはわかるまいと多寡をくゝり、気強く責めて行つた。[とき罪悪感]〔、自分のわるさ、母に対する冒瀆」

彼が女を買ふやうに［なったこと］［〈なってから〉］生活に織（中略）彼が最近女を買ふやう［になったことが、彼の**【生】**］〈になって〉から一生活に《は》暗〉［を織り込んで来た］さが織り込まれて来たことを感じないではゐられなかつた。

ここに主人公「私」の実態が匿《かく》されている。「私」の退廃生活が、作品世界において、そこから原因を発する形で、①肺尖カタル、②神経衰弱、③借金、④宿酔という現象として表されているのではと考えられる。現実の深刻さと生活の退廃とに苦しむ「私」の実情が昇華され、病んだ精神の開放を夢想として表現された作品なのである。

この作品によって梶井基次郎は、「虚無と倦怠にむしばまれた青春を描きながら、みずみずしい感受性や繊細な観察に支えられた独自の作風を展開した」(4)と評され、センチメンタル作家としての地位を不動のものとしている。

（4）『明説　日本文学史』尚文出版、一九九八年一月。

6 ［裏版］市バス206号系統
——鷲田清一『京都の平熱』を携えて——

鷲田清一『京都の平熱』講談社学術文庫, 2013年

❖民族学者の京都案内

京都に関する街案内は山ほどある。けれども、これといった街場の京都論は、思いのほか少ない。それが学者の手にかかる案内となれば、なおさらであろう。ただひとつ、例外的にすぐに思い浮かぶのが、『梅棹忠夫の京都案内』[1]であろうか。さすがは日本を代表する人類学（民族学）者・比較文明論者の「案内」であるだけに、その時々に書かれた文章や記事を一書に編んだものであるとはいえ、どこから読んでも、どこを読んでも、なかなかに面白い。

同書でまず興味を引かれるのが、「まえがき」に記された著者らしからぬ（？）弁明である。

> 京都の人間は、他郷のひとを案内して、京都についてかたったりすることをあまりこのまないものである。上洛客と市民とのあいだには、ふかい溝ないしは堀があって、おたがいをへだてている。他郷の客が京都をとおりぬけることをこばみはしないが、市民はおおむね無関心に見おくる。市民は市民、客は客である。
> それが、きっすいの京都市民であるところのわたしとしたことが、「京都案内」の本をつくって

（1）梅棹忠夫『梅棹忠夫の京都案内』角川ソフィア文庫、二〇〇四年（原著は一九八七年）。

しまった。なんとしたことか。まことにはしたないことよ、というおもいにかられている。…（中略）…

京都のひとが京都のことを、他郷にあまりかたりたがらないというのは、そういうことをすれば、ついつい他郷のひとに対して、心の底にもっている気持ちがことばのはしばしにでてしまい、相手の気持をさかなですることがあるからだろう。

「きっすいの京都市民」である著者が、案内ものを書くことなど、まったくもって「はしたない」と自ら卑下しつつ、「この本はその風味において、ひと味ちがうものになったのではないか」と自負もしている。

別の京都論（『京都の精神』）と合わせて読めば明らかとおり、「ついつい他郷のひとに対して、心の底にもっている気持ちがことばのはしばしにでてしま」うというよりは、むしろ「心の底」に澱のようにある無（数の）意識、つまり京都に対する梅棹自身の気持ちが「ことばのはしばし」に、そして時にはより直截的に表現されており、京都を訪れる際には、あるいはこの街に住まう人も、手元においておきたい一冊である。

❖京都を語るということ

京都の唄というと、京都の民謡の代表のようにみな「祇園小唄」をいうけれども、あれはごくあたらしいもので、詩人長田幹彦が、一九三〇（昭和五）年につくった唄である。他郷のひとが京都にあそんでつくった唄だという意味では、「かにかくに、祇園は恋し云々」という吉井勇の和歌に類するものであって、「祇園小唄」はそれと同様に京都市民の唄ではない。頼山陽などが京都に遊

　学して、いろいろ詩をつくったりしたのと同様のものであろう。よい唄ではあるが、市民的感覚からいうと、やはり違和感がつきまとう。[2]

『梅棹忠夫の京都案内』と同じシリーズに収められた『京都の精神』のなかで、梅棹はこのように「月はおぼろに　東山」ではじまる長田幹彦の「祇園小唄」、そして「かにかくに　祇園は恋し寝るときも　枕の下を水のながるる」という、白川に面した祇園のお茶屋「大友」[3]で詠まれたとされる吉井勇の歌に対し、「市民的感覚」からすれば「違和感」を禁じえないと言うのである。円山公園には「祇園小唄」の、そして白川に面して「かにかくに」の歌碑が建てられ、「祇園小唄祭」ならびに「かにかくに祭」なるものが創出された状態を梅棹はどのように見ていたのだろうか。

　さて、まえおきがずいぶんと長くなったが、ここで注目しておきたいのは「市民的感覚からいうと、やはり違和感がつきまとう」という語りに孕《はら》まれた問いの構制である。「市民」とは誰か、という問題を措《お》くとしても、まるで京都の都市論は生粋の京都人（であるところの「わたし」）にしか書けない、と言わんばかりに聞こえるし、実際、京都に移り住んだ著名なエッセイストの京都本が京都暮らしにあこがれる読者――つまり、梅棹の言葉を借りれば「他郷のひと」――を魅了している一方、巷間《ローカル》での評価があまりかんばしくないことを考えれば、この都市にはよそ者が容易く語ることを許さない何かがあるように思えてならない。

　そしてここにもう一冊、「この地に生まれ育ったひとりのずぶずぶの『京都生活者』」の手にかかる「羞ずかしいくらいに真正直な京都案内」がくわわった。それは、現象学者（執筆当時は大阪大学副総長）である鷲田清一が物した『京都の平熱』である。[4] ただし、梅棹が「京都の人間」を「上洛客」ないし「他郷の客」とは区別される「市民」、すなわち「京都市民」として暗黙裡に前

(2)梅棹忠夫『京都の精神』角川ソフィア文庫、二〇〇五年（原著は一九八七年）。なお、傍点による強調は引用者による。

(3)大友（だいとも）は、夏目漱石や谷崎潤一郎らが馴染んだことで有名なお茶屋であった。経営者の磯田多佳は文学に通じ、サロン的な役割を果たしていたようである。

(4)鷲田清一『京都の平熱―哲学者の都市案内―』講談社、二〇〇七年。

提していたのに対し、鷲田のいう「京都生活者」はかなり慎重に選び取られた語句であることに留意しておきたい。

というのも、「十何代か続かないと京都人とは言えないというのは、まっかな嘘だ」、「西陣は丹波や丹後から来た人が多い」、「室町は元近江商人が大手を振ってきた」、「職人には北陸の人も多い」などと、都市の都市たるゆえん——フランスの哲学者アンリ・ルフェーブルの言葉を借りれば中枢性に起因する「出会いの場」としての都市空間、すなわち〈都市的なるもの〉——をきちんと踏まえて、自身の血族も北陸に出自があることを告白しつつ、表面的には遠慮がちに「街の上澄み」から「もう一つの歴史」をすくい取ろうとしているからである。地理学者の山口覚さんの言葉を拝借すれば、京都もまた「出郷者たちの空間」であるということは、あらためて強調されておいてよいだろう(5)。

❖ 方法としての２０６号系統

副題に「都市案内」とあるように、本書で鷲田は市内を循環する市バス２０６号系統を利用し、読者をバス観光へと誘う（かのように思わせる）。だが実際には、のっけからルートを逸脱するばかりか、たんなる「案内」からも脱線し、飲食店・施設・街・奇人をネタに、京都の都市（食・住・衣）文化論が次々と展開されてゆく。いかにも哲学者らしい（京都論にとどまらない）都市論が、随所に織り込まれていくことは言うまでもない。

「ここに生まれ育った」、「その路線沿いにわたしの人生のすべてがあった」ことを強調する著者だけに、バスの通行する表通りからはうかがい知ることのできない「裏版２０６番」として案

(5) 山口覚『出郷者たちの都市空間―パーソナル・ネットワークと同郷者集団―』ミネルヴァ書房、二〇〇八年。

内されるのは、「平熱の京都」ということになる――生活（人生）に根ざした場所感覚と地理歴史的想像力から紡がれる歴史＝物語 his-story、個人誌《バイオグラフィ》と空間誌《ジオグラフィ》の見事なまでの節合。

けれども、案内される読者の多くにとって、「裏版２０６番」は己の日常性とは無縁の異他なる場所である。しかも、２０６号の循環路を近代京都の空間構造に重ねてみると、この路線が――都市プランナー石川栄耀の用語を借りるならば――場末帯を貫通していることがわかる（「場末」は同書のキーワードでもあった）。

近代とは言わず、それ以前からの周縁性がたっぷりと滲み込んだ「裏版２０６番」。そこを訪れるものは、かの哲学者のように「平熱」のままでいられるのだろうか。おそらく、そうはなるまい。著者の言う人を惹き付けてやまない「妖しさ」は、どんどん脱色／脱臭されつつあるけれども、各所に穿《うが》たれた「孔」（これも著者のキーワードである）から垣間見れば、そこに少しは「熱《ほて》った京都」を感じることができるかもしれない。本書を小脇に抱えて、京都の街々をめぐってみよう。生活者としての哲学者に誘われた、よそ者にとっての「裏版２０６番」が、「京都の微熱」（三好一政さんの言葉）を感じる周遊になることは必定だ。

Ⅳ　喫茶・料理・茶屋をめぐる歴史・物語

一力茶屋（花洛名勝図会）

井筒茶店（花洛名勝図会）

1「喫茶」の歴史
―「茶道」史以前―

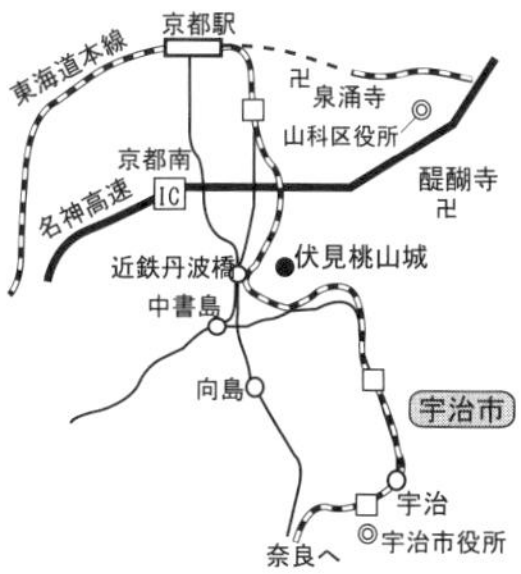

❖喫茶の成立と展開

「茶の湯」、「喫茶店」、そしてペットボトル飲料にいたるまで、「喫茶」をめぐる習慣は現代においてもなお、というよりいっそう、私たちの生活文化に浸透している。こうした「喫茶」の起源は古く、すでに紀元前五九年、中国四川省で茶が販売されていたといい、数少ない保存可能な天然飲料として各地に広まっていったことが指摘されている(1)。茶といえば、一般に緑茶・紅茶・ウーロン茶等が知られているが、いずれも茶樹は同じで、酸化・発酵の度合いによって種類が変わることになる。

中国で発達した喫茶が日本に伝来するのは、平安時代初頭であると考えられる。神津朝夫氏の研究によると、唐に渡った最澄や永忠をはじめ、嵯峨天皇や貴族たちもまた唐風文化の隆盛のなか、茶（餅茶）を飲んでいたといい、平安京周辺の諸国では、茶の栽培も行われていた(2)。その後「季御読経《きのみどきょう》」とよばれる朝廷の行事や、寺院の法会・儀礼等を通じ、とくに寺院において喫茶の習慣が広がっていったことも指摘されている。

(1)神津朝夫『茶の湯の歴史』角川選書、二〇〇九年。
(2)前掲、注1。

一二世紀に京都とならぶ政治都市鎌倉が誕生すると、喫茶の風習はまた、鎌倉においても展開されるようになる。臨済禅を日本に伝え、茶の製法や薬効等に関する書『喫茶養生記』をあらわした栄西《ようさい》は、二日酔いに苦しむ鎌倉幕府三代将軍源実朝に、「茶一盞《いっさん》」・「一巻書」を進上している。(3)近年の博多における発掘調査で、抹茶の飲用に使用される褐釉天目が一一世紀末期の地層から出土している点や、「一巻書」が『喫茶養生記』に相当する可能性が高いことなどから、このとき実朝が飲んだ茶は、抹茶であったと考えられている。(4)また、鎌倉幕府最後の執権となった金沢貞顕も茶を愛好していたことが知られており、貞顕のもとには京都栂尾茶が送られるとともに、金沢北条氏の菩提寺称名寺とその寺領には茶園が存在していた。さらに鎌倉と水陸の交通によって結ばれていた東北地方では、一三世紀に「闘茶」が行われていたことを示す「闘茶札」の発掘事例も存在している。(5)

「闘茶」とは、簡単にいえば茶の産地・種類をあてる賭け事のことであり、鎌倉時代末期から南北朝期の京都において大流行した。(6)祇園社（現在の八坂神社）の康永二（一三四三）年の史料に、一三人が夜を徹して参加した闘茶の記録がのこっているが、(7)茶の数と参加者の数、かかっている時間等を勘案すると、各服点ではなく回し飲みであった可能性が高いという。(8)

またこのころの茶は、葉茶が一般的であったが、室町幕府六代将軍足利義教は、西芳寺（苔寺）で固形茶をつくらせ、献上させていたことが知られる。固形茶はもともと、中国南宋で最高級の茶とされていたが、一四世紀末に洪武帝により製造中止が命じられると中国では葉茶が皇帝に献上されるようになっていたという。(9)

さらに室町時代、京都をはじめ各地の寺社門前等に、「茶屋」が登場するようになる。近年の研

(3)『吾妻鏡』建保二年二月四日条。
(4)前掲、注1。
(5)国立歴史民族博物館編『中世寺院の姿とくらし―密教・禅僧・湯屋―』二〇〇二年。
(6)『花園天皇宸記』元弘二年六月五日条など。
(7)「社家記録」九月一五日条。
(8)前掲、注1。
(9)橋本素子「中世における茶の生産について」『茶の文化』第九号、二〇一〇年。

究により、この「茶屋」には、「一服一銭」に代表される営利の茶屋と、「接待茶屋」と称される非営利の茶屋があったこと、もとは巡礼する修行僧に対し寝食を提供するため設けられていた「接待所」が、南北朝時代以降、俗人にも茶をふるまうようになり、「茶屋」・「接待茶屋」が成立したこと、その一方、地方郷村の「接待茶屋」は、郷村寺社の法会に庶民を受容する役割を果たす施設であったこと、などの点が明らかにされている。すなわち「茶屋」とは、たんなる「飲食の場」ではなく、寺院社会を根源として成立する、一般の巡礼者・参詣者を受容するための「宗教的装置」であった(10)。

❖寺院と茶

こうした茶と寺院との関係については、「禅院茶礼」とよばれる禅寺の喫茶文化を思い浮かべる人も多いと思われるが、これまでみてきたように、喫茶の風習そのものは様々な寺院・宗派のもと様々なかたちをとって展開していた。橋本素子氏の研究によると、室町時代には全国各地の王家の勅願寺院や足利将軍家の祈願寺・武家の菩提寺に、茶園が多く存在したという。そしてとくに武家領主の菩提寺では、茶が葬祭儀礼の場で使用され、武家領主とその一族・家臣のみならず庶民も口にするところとなり、喫茶文化の庶民層への浸透が促進されていった(11)。

また室町時代後期には、寄合形式で参集者の面前で茶をたてる「茶の湯」とよばれる喫茶文化が新たに生まれ、それがやがて江戸時代には「茶道」の形成へと展開していく。神津氏の指摘によると、この「茶の湯」は、文明一六（一四八四）年に法華宗（日蓮宗）の僧日親の定めた『本法寺法式』に「茶湯等賞翫」を禁止する文言があるのが初見であると考えられ(12)、日蓮宗寺院に茶の

(10)橋本素子「中世の茶屋について」『洛北史学』第十号、二〇〇九年。

(11)橋本素子「中世後期葬祭儀礼における喫茶文化について」『寧楽史苑』第五十五号、二〇一〇年。

(12)藤井学・水本邦彦編『本法寺文書』京都府教育委員会、五〇号。

湯が広まっていた様子がうかがえるという。また明応七（一四九八）年の蓮如の『御文』にも茶寄合についてふれた記述がみられることから、(13) 浄土真宗の講においても茶の湯の展開していたことがわかるという。(14) 以上をふまえると、千利休によって大成されていく「茶の湯」の発祥をめぐっては、従来から注目されてきた室町将軍家の儀礼空間のありようや禅院茶礼の展開という問題のみならず、様々な寺院宗派における喫茶文化の展開を視野にいれたさらなる考察が今後必要であるといえよう。

❖宇治茶

さて、京都名産の茶といえば、「宇治茶」を思い浮かべる人が多いだろう。南北朝期の成立とみられる『異制庭訓往来』(15) に、山城国の茶の名産地として、栂尾・仁和寺・醍醐・宇治・葉室の地が並んでおり、この頃には宇治で茶が生産されていたことがわかる。当時「第一」の茶は栂尾の茶であったが、室町時代中期の史料『尺素往来』をみると、(16) この頃には栂尾茶が衰微する一方、「宇治は当代近来の御賞翫」という状況にあったことがわかる。さらに室町幕府の保護をも受け、森・川下・朝日・祝・奥の山・宇文字など、のちに七名園として数えられる茶園も成立していくが、これらの茶園は、排水環境に恵まれた地に立地していたという。(17)

その後江戸時代になると、宇治は唯一「覆下茶園《おおいした》」による製茶を許可される地となった。「覆下茶園」とは、それまで露地栽培が一般的であった茶の栽培において、茶の新芽が出た際、葦簀《よしず》と藁で自然光を遮ることにより、茶にうま味と甘味をもたせる栽培法をさしている。この栽培法をとるためには、大量の施肥が必要であったが、京都の人糞を調達・利用することにより可能と

(13)『真宗史料集成』第二巻、「諸文集」一六六、帖内四の一二。
(14)前掲、注1。
(15)『群書類従』第九輯、文筆部・消息部、群書類従完成会、一九三二年。
(16)前掲、注10、所収。
(17)前掲、注4。

なったという。[18]思わぬところで、京都という都市空間が近郊に位置する宇治の茶の味を支えていたことになる。茶は、長い時間をかけて育まれてきた京都文化の、国際性・宗教性・都市性が凝縮した飲み物であるといえよう。

京のこぼれ話

茶道とキリスト教

千利休が「茶の湯」を大成した時代は、日本にキリスト教が伝来し、ひろまっていった時代でもある。豊臣秀吉が北野天満宮境内で行った有名な北野大茶会が開かれた天正15（1587）年は、同じ秀吉が伴天連追放令を発布した年でもあった。

千利休の弟子にキリシタン大名のいたこと、キリスト教のミサにおける葡萄酒の飲みまわしと濃茶の飲みまわしに類似性が認められることなどから、キリスト教が茶道の確立に影響を与えたのではないかとみる向きもある。歴史学的な解明が可能であるのか心もとないが、同時代に普及していった文化として捉えると、相互に影響していた可能性も捨てきれない。

(18) 前掲、注1。

2　カフェーと女給

❖繁華街の片隅で

京都の市街地には、大小の繁華街があちらこちらに散点している。祇園町・先斗町・島原その他の歴史的な花街にくわえて、上・下の木屋町、新京極と裏寺町、あるいは西陣京極に壬生京極、さらには四条大宮に西院の界隈、そして京都駅の周辺などが、すぐさま想起されるだろうか。筆者が「繁華街」というとき念頭に置いているのは、一歩裏の通りへ入れば、居酒屋の赤ちょうちんや飲み屋の看板が目を引く、どちらかと言えば、夜の帳《とばり》がおりるとにぎわいを増すような、そんな街区にほかならない。場合によっては、飲み屋街といったほうが適切かもしれない。

さて、そうした京都の飲食店街を歩いていると、ときどき下の写真（写真1）のような標札を見かけることがある。以前は、先斗町や祇園町の元お茶屋さんと思しき建物にも見られたし、現在でもちょっと古めの――レトロ表象としての〈昭和三〇年代〉を思わせる――飲み屋には、入り口のドアの上に掲げられていることもしばしばだ。京都には、ほかに「酒場」や「お茶屋」、そして「料理屋」などの標札があり、いずれも風俗営業として許可される業態であった。

写真1　カフェーの標札

ところで、縁の金メッキが部分的に剝げながらも、見事に黒光りするこの立派な標札、見ての通り「カフエー」とある。ちなみに、拗音の表記は「フェ」ではなく「フエ」、つまり拗音になっていない。実際、数年前のことであるが、七〇代後半の男性に「……『かふえ』って言うのは……」と話しかけられたことがあり、発音それ自体も拗音でなかったため、一瞬、語句の意味を理解できなかったことがあった。

では、そもそも「カフエー」とは何か?

字面からも明らかな通り、それはフランス語の café に由来すると思われるが、前述のように、この標札は飲み屋その他のドア付近に掲示されている。現在ブームとなっているカフェとは、根本的に違うタイプのようなのだ。実のところ「カフエー」は、昭和戦前期にまでさかのぼる特殊な業態として、戦後にも受け継がれてきた歴史がある。

❖開花するカフェー文化

もともとカフェーは、コーヒーその他の飲料を提供する店舗であり、明治日本にもその種のサーヴィス業として導入されていた。当初は、カフェーと喫茶店とに明確な区別はなく、コーヒーやアルコール類を飲ませ、インテリ層が集まるサロン的な雰囲気の場であった。ポイントは、フランスの café とは違い、給仕・接客をする女性、すなわち「女給」が配されていたことだろう。フランスでは、男性（ギャルソン Garçon）が担当する。

東京では関東大震災の前後、その他の大都市でも昭和初年にかけて、カフェーの業態ははっきりと分化していく。つまり、女給の濃密なサーヴィス、ジャズ、ダンスホールを売り物にする、従来の花街を圧迫するようなカフェーと、当初のサロン文化を失い、明智小五郎のような「高等遊民」たちが孤独に時間と空間を消費する大衆的な喫茶店とが成立したのである。(1)こうして、「赤い灯、青い灯、道頓堀の、川面にあつまる恋の灯に、なんでカフェーが忘られよか」(2)と唱われる時代が到来する。ネオンが夜空をこがし、雑踏の喧騒にリズムをそえるジャズ。迎えるはエプロンに身をつつんだ洋装断髪の女給たち。

だが、こうした奔放な営業形態、つまり女給が侍るという異性間の接触を前提とする風俗営業の形態が問題視され、社会的な注目を集めるところとなる。実際、昭和四（一九二九）年には、まず大阪で取り締まりが議論され、それが内務省に伝播するかたちで全国化する。その過程で問われたのが、「カフェーとは何ぞや」、つまり定義であった。実のところ、取り締まりの内規は道府県の警察にあったものの、実際に規則として定められたところは少なく、定義の問題も警視庁が「其ノ名称ノ如何ヲ問ハス洋風ノ設備ヲ有シ婦女カ客席ニ侍シテ接待ヲ為ス料理屋又ハ飲食店ヲ謂フ」とし、特に東京市（当時）の場合、その他の業種も一括して「特種飲食店」としたのである。(3)

❖九鬼周造、カフェーを論ずる

こうした趨勢は当然、古都たる京都にも及んでいた。『「いき」の構造』で知られる哲学者・九鬼周造は、「住み慣れた……京都に起こる問題は、事の大小に拘わらず私の関心の対象とならないものはない」としたうえで、「目下、京都ではカフェーの存在が、風紀上の考察点すら一つの問題となっている」ことに触れる。そして、「この問題は外見上極めて小さい問題ではあるが、私はそれに対して決して無関心ではあり得ない」と言いきり、カフェー論を展開したのだった。(4)

(1)松山巖『乱歩と東京　一九二〇都市の貌』ちくま学芸文庫、一九九四年。
(2)日比繁治郎作詞「道頓堀行進曲」。
(3)加藤政洋『敗戦と赤線』光文社新書、二〇〇九年。
(4)九鬼周造「カフェーとダンス」（大峯顕監修『京都哲学撰書第三十巻』燈影舎、二〇〇二年）。

彼は、まず「河原町通を三条あたりから五条あたりまで歩いてみただけでも、この事が問題となるのが必ずしも無理とは考えられない」と指摘する。つまり、それだけ際立つ存在だったのだろう。実際、やや時期はずれるものの、昭和八（一九三三）年の調査によれば、京都市内のカフェーは東大路通（一三軒）、河原町通（一〇九軒）、寺町通（一〇軒）、烏丸通（一一軒）、千本通（五三軒）、大宮通（三五軒）、七条通（一九軒）、四条通（三三軒）、丸太町通（四八軒）、今出川通（二二軒）が営業していた。「従来は散在して設置せられたるが最近は交通至便の幹線街路に面したる表街集団現出するの傾向あり」、「又遊廓地域にも設置せらる、の傾向なしとせず」、しかしながら昭和八（一九三三）年の段階では「多額の費用を要する表街に設置困難なるものありて漸次裏街に移転する趨勢」にあったという。現在、前掲した「カフエー」の標札を見かけるのは、たしかに裏街的な飲み屋街や、旧花街の近傍ばかりだ。

ちなみに、建物は以下のような具合であった。

> 大通りに面したる場所には稀に洋風の建築物あるも、其の他は内部のみ椅子、卓子を置き且装飾等を施し洋風に紛はしき観を呈するも〔、〕建築物は日本式のものなり。客席はボックス式にして仕切を為すものなし〔。〕照明は多く色□燈を用ひ〔、〕音楽は大□分蓄音器を使用し、舞踏は絶対に禁止す。(5)

「日本式」ということは、町家をそのまま転用してボックスを設え、蓄音器を導入してカフエー空間を演出していたのだろう。いかにも京都らしいカフェーのあり方と言えようか。洋風のファサードでも、背後は町家建築のまま、という飲食店はいまでもよく見られる。

さて、九鬼はそうした営業ぶりを横目に見つつ、また彼自身も千本丸太町界隈のカフェーに出

（5）以上は次の資料にもとづいている。『カフェーと女給』ＪＡＣＡＲ（アジア歴史資料センター）Ref. A05020355000（国立公文書館）。

没し、「女給さんの注文に応じて、『ぼく、クッキー』と駄洒落ていた」[6]とも語られるように、時には彼自身が女給の接客を受けるなかで、京都のカフェー問題に思いをめぐらしていたのだろう。

カフェーはその名の示す如く飲食店の一種である。しかし、そこには飲食物の給仕の役をする女給が居る。客は飲食を目的としてカフェーへ行くべきはずが、むしろ女給を目的として行くようになって来る。女給もまた飲食物の給仕よりもむしろ客に媚を呈することを主要の目的とする傾向を生ずる。客と女給との双方の心理状態に目的変生の原理が行われて来るのである。このような事情からカフェーの女給は異性的特殊存在様相として今や社会的に顕著な確的な意味に化しつつある。……カフェーが風紀上の問題となり得る可能性はこの原理適用の現実性または蓋然性と函数的関係に立っている。[7]

そして、この「異性的特殊存在様相」を「家庭女性の覚醒に刺戟と動機とを与える意味において……積極的存在理由を持ち得る」ような「社会の施設」であると論じるのだ。いささか男性中心主義的な言い方ではあるのだが、この「異性的特種階級」として芸妓とともに存在しているのが女給である、というのが彼の考えであった。そして、カフェーと女給とが「衛生風紀上に与うる弊害少なからず」と問題視される現状に対し、このことは「茶屋、待合にとっても同様に妥当でなくてはならぬ」こと、そして「芸者に関しては何らの問題が存するとも考えずして、単にカフェーの女給のみを圧迫しようとするのは問題の洞察を欠き、解決の公平性を失している」と喝破する。

「濫設防止」、「営業時間の制限」、アルコール度の高い酒類の禁止などの必要性は認めつつ、それが「カフェー改善」ではなく、「カフェー討伐」を意味するものであってはならない、というの

(6) 鷲田清一『京都の平熱　哲学者の都市案内』講談社、二〇〇七年。

(7) 九鬼周造「カフェーとダンス」(大橋良介編『京都哲学撰書第三十巻　九鬼周造「エッセイ・文学概論」』燈影社、二〇〇三年)、二一一―二一七頁。

だ。これは特定の「社会施設」の排除に対する異議申し立てであり、「各都市は各自の有つ可能性をその特色ある具体性において実現するところに大なる喜代を文化に対してなすことが出来るのである」[8]とする彼の立場からすれば、芸妓との併存から生まれる意義を強調することは、むしろ当然の主張であったと言えよう。

批判はさらに続く。

カフェーは茶屋、待合に比して、浪費する時間上、及び費用上、客にとって遥かに経済的である可能性に応ずる点において確かに民衆性を備えている。…〔中略〕…また芸者の因襲的な無智、愚昧に比して女給の中には遥かに高い智識と聰明とを有った者が多い。この意味において女給の方が近代性を具備している。民衆的、且つ近代的であるという点が、カフェーが茶屋、待合に対して有する著大な、有力な合理的優越性である。それ故、カフェーの厳重な取り締まりということは、カフェー討伐を意味する無意味な干渉や圧迫に堕してはならぬ。松原署が女給の洋装、断髪、羅衣などを禁じたのは啻に無意味なのみならずむしろ滑稽な干渉たるを免れぬ。

そして、「茶屋、待合に対するよりも多くの圧迫をカフェーに加えることは民衆性と近代性とを無視する点において明らかに大なる時代錯誤である」と結論づけたのだった。

こうした語りは、萩原朔太郎の主張を思い出させないこともない。彼は「現代の青年が、なぜに芸妓を嫌つて、カフエーの女給に走るか?」と問いつつ、次のように主張していた。

今後の芸妓は、よろしく洋装すべきである。何よりも先づ、あの三味線といふ楽器を廃し、代りにピアノやマンドリンを弾くやうになることだ。茶屋の形式も、恐らく未来に於いては西洋館になるだらう。社会全体が洋風に化しつゝ、ある時代に於いて、芸妓遊びだけが古風な形式を保持しつゝ、あ

(8) 九鬼周造「京都」(大峯顕監修『京都哲学撰書第三十巻』燈影舎、二〇〇三年)。

るのは、それだけでも今日の花柳界が事実上に廃滅してゐることを語つてゐる。(9)

さすがに九鬼は、ここまでラディカルではなかったが、京都のカフェー問題という地理的コンテクストにも配慮することを忘れはしなかった。「……国粋保存という見地から、殊に京都では芸者、舞妓を保護して、カフェーの女給を圧迫しようという見解があるかも知れぬ」が、「カフェーの存在には茶屋、待合の存在以外の意味」、あるいは「国粋保存」という観点だけからでは「圧迫しきれない合目的性がある」のだ、と。残念ながら、合目的の具体をより掘り下げて説明することはなかったが、当時の知識人の見たカフェー問題は、現在の風俗営業とその周辺を考えるうえでも、興味ぶかいものがある。

京のこぼれ話

忠夫少年のカフエー体験

『日経新聞』の連載「私の履歴書」で、京都生まれの民族学者・梅棹忠夫氏（故人）は、幼少期に目にした街の姿を述懐している。生家は千本・中立売の北東に位置する東石橋町、家の「すぐ横には西陣京極とよばれる一画があり、映画館や飲み屋が軒をつらねてい」るような「大都市の繁華街」に育ったと語られていた。

興味が持たれるのは、都市に「自由とはなやかさがみちていた」という1920年代、梅棹家の近所には「カフエーとよばれる飲食店がたくさんでき」、なんと忠夫少年は、「4、5歳のころからよくおとなにぶらさがって、こういう店に食事」に行っていたというのである。

昼間はカレーライスを供するようなレストランであったものの、そこにはもちろん「エプロンをかけたウエーターとよばれるわかい女性」たちがいて、サービスをしたのだった。夜になると食堂は酒場に早変わり。「ウエーター」もまた、「女給」となったのだろう。

(9) 萩原朔太郎「新芸妓論」（三宅狐軒編『芸妓読本』全国同盟料理新聞社、一九三五年）。

3 京の料理屋
——お座敷あそびはどこでする?——

❖江戸人・東京人の見た京都

京によきもの三ツ、女子、加茂川の水、寺社。あしきもの三ツ、人気の吝嗇、料理、舟便。たしなきもの五ツ、魚類、物もらひ、よきせんじ薬、よきたばこ、実ある妓女。(1)

京都に長く滞在して、何よりも不自由を感じるのは、東京流の女と食物の欠乏である。酒がうまいだけに、猶更其れを遺憾に思ふ。(2)

ここに比較都市論ないし比較文化論よろしく、江戸・東京と京都を比較する二つの文章を並べてみた。一方は享和二(一八〇二)年に「予江戸に生れて三十六年、今年はじめて、京師に遊で、暫時俗腸をあらひぬ」と言って書かれた紀行文からの一文、もう一方は明治四五(一九一二)年に「生れて始めて西京の地を蹈」んだという「江戸ッ児」が物した日記からの一文。どちらも、よく知られた書き手によるものだ。

すなわち、前者は滝沢馬琴の「羇旅漫録」、後者は谷崎潤一郎の「朱雀日記」からの引用である。

---

(1)滝沢馬琴「羇旅漫録」(日本随筆大成編輯部編『日本随筆大成 第一期 二』吉川弘文館、一九七五年)。

(2)谷崎潤一郎「朱雀日記」(谷崎潤一郎『谷崎潤一郎全集 第一巻』中央公論社、一九八一年)。

京都を訪れる異郷者たちは、風俗のみならず、人情や風俗までも比較したくなるものらしい。「羇旅漫録」ならびに「朱雀日記」は、どちらも鋭い観察眼に裏打ちされた、ただの見聞記にはとどまらない滞洛録となっているのだが、明治維新を挟んで百年以上の歳月を経ているからか、それとも両者の嗜好性に違いがあるからなのか、同じ対象を評するにも、意見は割れている。その良い例が、女性（おなご／おんな）をめぐる評価であろう。

滝沢馬琴が「よきもの」の代表三つに京の「女子」を含めたのに対し、谷崎潤一郎は「東京流の女」の欠乏を嘆いている。だれはばかることなく「たま〳〵旅先の見知らぬ土地へ入り込んで、何よりも憧れるのは女と喰ひ物のことである」という谷崎のみならず、馬琴も含めた男性入洛者のジェンダーバイアスには充分に留意しておく必要はあるのだが、歴史的に見ても「京おんな」をめぐる語りは興味ぶかい。

さて、話を戻すと、実はこのほかにも馬琴と谷崎とには相違がある。たとえば、「人気の吝嗇《りんしょく》」――京都人のケチぶり――を指摘する馬琴に対し、谷崎はといえば「京都の人気は一般に決して悪い方ではない」と弁護しているのだ。逆に、両者が一致して強調するのは、口に合わない料理であった。たとえば、馬琴は「あしきもの」として「料理」を、「たしなきもの」として「魚類」をあげている。

……鰻《うなぎ》・鱧《はも》は若狭より来るもの多し。しかれども油つよく、江戸前にはおとれり。……白味噌といふもの塩気うすく甘ツたるくしてくらふべからず。田楽へもこの白味噌をつけるゆゑ江戸人の口には食ひがたし。……京は魚類に乏しき土地なれば……。京にて味よきもの、麩、湯皮、芋、水菜、うどんのみ。その余は江戸人の口にあはず。(3)

（3）前掲、注1。

谷崎もまた容赦がない。

京都の食物は、淡白で水ツぽくて、東京人の口には合ひさうもない。第一に醤油の味が余程違つて居る。人に依つてそれ〴〵の嗜好があるとしても、鰻、すし、そば、などは遥に東京より劣つて居る。一般に海の魚は種類が乏しくて、而も品質が悪いやうである。(4)

どうも「江戸人の口」にも、そして「東京人の口」にも、京料理は合わなかったようだ。

❖一流の料理屋

明治末年、若かりし谷崎潤一郎が、みずから京洛に滞在した際の日録を『東京日日新聞』・『大阪毎日新聞』（明治四五年四月～五月）に連載したのが「朱雀日記」である。「これは京都にいた間に見聞したさまざまなことを、谷崎君一流の鋭い観察と美しい文章で書き綴ったものであって、『都踊』『中村楼』『瓢亭』『島原角屋』といったように、毎日一章ずつ題を設けて、それぞれの情景を写し出しているのである」、とは歌人・吉井勇の解説。(5)

注目されるのは、吉井のあげる見出しの例が、「都踊」と「島原角屋」という花街関連のもの、そして「中村楼」と「瓢亭」という、どちらも京都を代表する料理屋であったことだろう。実際、谷崎は旧知の長田幹彦とともに、実によく花街に遊び、そして馴染んだのであるが、ここでは彼自身が「京都で第一流の料理屋と云へば、先づ瓢亭と中村屋である」と述べて称賛した、「瓢亭と中村屋」の項目を取り上げてみよう。

当時、京都に在住していた文学者の上田敏に、長田幹彦とともに南禅寺の瓢亭へ招かれたときのことを、谷崎は「朱雀日記」のなかで次のように記している。

(4) 前掲、注2。

(5) 吉井勇『東京・京都・大阪―よき日・古き日―』平凡社ライブラリー、二〇〇六年。

> 先づ最初に、笹の雪の餡かけぐらいゐの大きさに切つた一《ひ》と片《きれ》）の豆腐が、小型の皿に盛られて出る。豆腐の上には青い白いどろ〳〵の汁がかゝつて居る。東京の絹漉程の柔かみはなく、肌理《きめ》の工合も違つて居ながら、口に含めば全然別趣の、捨て難い味がある。汁は木芽を粉にして、砂糖と一緒に溶かしたやうなものであらう。洗煉された、甘い舌たるい流動物である。油でいためた加茂川の甘子を始め、西京の特産らしい名の知れぬ川魚や野菜の料理が此處の自慢の器物に入れられて、後から〳〵と数知れず運ばれる。女中は、空らになつた皿や蓋物を傍から片付け、一々箸を取り換へて、お酌もせずに引込んでしまふ。酒が好いので頭へも上らず、いくらでも物が喰べられる。

このように、吉井勇の言葉を借りれば「愛撫するような筆つきで、そこで食べた料理のことを書いているのに反し」(6)、中村楼については次のような評を残している（吉井自身の文章はこのあと「都踊はあんまり感心しなかつたらしく……」と続くのだが、あえて中村楼につなげてみよう）。

> 絹漉豆腐をお客の前で切つて見せるのが、此家の名物であつたが、今は庖丁の器用な者が一人しか居ないと云ふ。而も生憎其日は客が立て込んで、豆腐切りも見ず、好い座敷へも入れなかつた。料理も取り立てゝ賞味する價値があるとは思はれない。

結局、谷崎は「兎に角、瓢亭の料理だけは、一遍東京人も喰つて置くべきである」と結論したのだった。けれども、後に谷崎は、上田敏との面会を次のように述懐している。

> 此の〔自宅への―筆者注〕訪問の後間もなく、今度は先生の方から私達唯二人だけを南禅寺の瓢亭へと呼んで下すつた。くり返して云ふが、大学のプロフエッサアたる人が、年はも行かぬ新進作家をそれまでに遇して下すつたのは、余程の好意でなければならない。私達は云ふ迄もなく感激した。が、感激するほどなほ臆病に固くならざるを得なかつた。(7)

(6) 前掲、注5。

(7) 谷崎潤一郎「敏先生のおもひで」（『谷崎潤一郎全集第三十巻』中央公論社、一九五九年）。

またべつのところでは、「われ〳〵は張合ひのない受け答へをしながら、座が白けると黙つてムシヤムシヤ御馳走を摘まみ、手持ち無沙汰に酒ばかり飲んでゐた(8)」とあるので、吉井勇の目に浮かんだ座の風景とは、よほど事情がちがったらしい。

ちなみに、映画監督の吉村公三郎は「若い新人作家だった谷崎潤一郎が……訳詩で有名な上田敏に誘われて、この二軒茶屋を訪れ、名物の田楽を食べたことにも触れている(9)」、としているのだが、これは瓢亭の誤りと思われる。

お座敷あそびはどこでする？

ところで谷崎は、東京とは異なる料理屋のありようにも敏感に気づいていた。

一體此方の料理屋は、全く料理を喰ひに行く所の様に作られて居る。藝子を呼ぶ事は甚だ稀で、女の顔が眺めたい人は、貸座敷へ上る。さうすれば、藝子でも舞子でも、入れ代り立ち代りウジヤウジヤやつて来るけれど、喰ひ物と云つたら、酒の肴に佃煮か何かゞ、ちよんびりと出るばかり。料理屋と揚屋との間には、劃然《かくぜん》たる区別があるらしい(10)。

東京から来たばかりの谷崎には、京花街の構成や制度がまだ十分に理解できていなかったのだろう。東京は料理屋、芸妓屋の二業地、あるいは料理屋、待合、芸妓屋の三業地が主であるのに対し、京都では若干の置屋と貸席《おちゃや》からなる、いわば二業制度の花街である。つまり、区域内に料理屋はほとんど立地しないか、また仮にあるとしても芸妓の直接的な出先とはならないのであり、谷崎が直観したごとく、貸席が芸妓を揚げて遊ぶ空間として専門特化していたのだった。

お座敷あそびはお茶屋で、というのが京都の遊興文化なのである。

(8)谷崎潤一郎「青春物語」(『谷崎潤一郎全集第十三巻』中央公論社、一九七三年)。

(9)吉村公三郎『京の路地裏』岩波現代文庫、二〇〇六年。

(10)前掲、注2。

4 真葛ヶ原と京饌寮

❖虚子と三千歳

昭和初年の京都風景を、市内に在住する大学教員、画家、芸妓など、多彩な面々が綴った随筆集『京都新百景』(昭和五年)に「真葛ケ原から――昔知つといやす人にあんまりな変り方」と題した文章が含まれている。[1] 著者の欄には「京饌寮　田畑あい」とある。おそらく「京饌寮」も、そして「田畑あい」という人物も、現在ではほとんど知られていないのではないだろうか。

けれども、昭和戦前期の京都にあって京饌寮の田畑あいと言えば、それなりの有名性があり、こと文人たちの間では比較的よく知られた存在であった。なぜなら、女将である田畑あいは、高浜虚子の小説「風流懺法」「続風流懺法」「風流懺法後日譚」[2] に登場するヒロイン(舞妓　三千歳)のモデルとなった女性であり、昭和二(一九二七)年に虚子との劇的な(?)再会をきっかけに、その夫(田畑比古)ともども句作を通じて虚子との交流を再開させていたからである。

円山の隣の花のあるじ哉　　虚子

をとどしの春どした、玄関へでて見ましたら先生どすがな「おめづらしい、ようこそ」こんな短い

(1) 田畑あい「真葛ケ原から―昔知つといやす人にあんまりな変り方―」(大阪毎日新聞社京都支局編『京都新百景』新時代社、一九三〇年)八七―九〇頁。

(2) 高濱虚子「風流懺法」「続風流懺法」「風流懺法後日譚」(高濱虚子・河東碧梧桐『現代日本文学大系19　高濱虚子・河東碧梧桐集』筑摩書房、一九六八年)五七―一二二頁。

挨拶どしたけど、先生の御達者なお顔を見てうれしおしたえ。(3)

虚子の勧めで句作をはじめた彼女は、俳名を「三千女」と決めて、後に数多くの句を残すことになる。虚子の『新歳時記　増改版』に三千女の句が採録されているのは、そのためだ。(4)

虚子入洛京饌寮のおぼろかな

「京饌寮といふと何となく厳めしく聞えるけれども、実は京独特の鯡《にしん》料理を食べさせる家」(5)であるのだが、ここに掲げた吉井勇の句からも、虚子と京饌寮の強い結びつきがうかがわれよう。

京に来て京饌寮の春の雨　　虚子

『ホトトギス』昭和三年九月号に掲載された「京都の暮春の三日」によれば、春雨のなか京饌寮で句作したとあるので、この句はそのときのものかもしれない。また、

句の席に主夫婦や春の雨　　虚子

とあるのは、もちろん京饌寮の主、田畑比古・あい夫婦のことである。その際に三千女こと田畑あいもまた、

休日によく降ることよ春の雨

と句作し、「先生や皆さんにほめてもらひました」と述懐している。

また、虚子の「俳諧料理」(6)には、鯡料理とは別にはじめた精進料理を彼自身が「俳諧料理」と命名し、看板や額に揮毫したとある。

「俳諧料理」と書いた表の看板をはじめ、座敷に掛かつてゐる額も、雲板の中に入つてゐる色紙も、みんな虚子氏の書いたものばかりで、先づその家に入つただけで、あの懐かしい「風流懺法」の匂ひが、ゆきずりに嗅いだ伽羅の香のやうに、ただよつて来るのが感じられる。そこにはあの「一念」

(3)前掲、注1。
(4)高濱虚子『新歳時記』三省堂、二〇〇七年。
(5)吉井勇「京洛篇」(吉井勇『定本　吉井勇全集　第七巻』番町書房、一九七八年)三八〇―三八二頁。
(6)『ホトトギス』昭和一二年三月。

の姿はみられなかつたが、あの美しい「三千歳」の面影は、まだ何処かに艶めかしさの残つてゐる女将の姿から見出すことが出来るのだつた。

これは、それから二年後に京饌寮を訪れた吉井勇の感想(7)。彼はその後、「数回出掛けてゆく機会を得て、虚子氏の所謂『俳諧料理』の淡々たる味に親しむことが出来た」という。

❖真葛ヶ原の京饌寮

『京都新百景』に田畑あいが寄せた随想のタイトルにもあるように、京饌寮は真葛ヶ原に立地していた。移り住んだ当時の様子を、彼女は次のように振り返る。

長楽寺の家を下りてこゝへ来ましてからもうざつと八年、早いもんどすな。そのころ真葛ケ原はそれは淋しいもんどしたえ。御近所というても監水先生（芭蕉堂）と小文さん（西行庵）倶楽部にお向ひのおばはん（菊渓亭）とこ位どした。石屋はんの音に夜があけ、双林寺さんのおつとめに店をしめるのどした。

それでも秋になると萩の間に床几が出たり、篝が焚かれたりして、ほんまに風流なもんどしたえ。高台寺さんの薮が屏風のやうに、家のうしろをとりまいて、その裾を菊渓川がちよろ〳〵流れてたんどす(8)。

吉井勇が「昔は秋になるとこの真葛が原には、萩の間に床几が出たり、篝火が焚かれたりして、如何にも京らしい情趣があつたさうであるが、今ではさういふ風流は、もう何処にも見られなくなつた(9)」と述べるのは、この「真葛ケ原から」を受けての感想であろうか。

歴史的に見ると、「真葛原は祇園林のひがし、知恩院の南をいふ」（『都名所図会』）、「知恩院の山

(7)前掲、注4。

(8)前掲、注1。

(9)前掲、注4。

門のまへより南、円山長楽寺のほとり祇園林までをいふならん」(『拾遺都名所図会』)、「祇園林よりひがし八円山門前に至り北八知恩院山門の辺より南は東大谷の辺までをいふ」(『花洛名勝図会』)などと説明される範域にあたるのだが、「京らしい情趣」ないし「風流」はもはやどこにも見られないと指摘されるごとく、昭和初年の真葛ヶ原は、その趣を大いに変えていたのだった。たとえば、

……西行庵といふのは真葛ケ原にあつて、今では直ぐ前が市の音楽堂になつて居て、そのあたりにも、京饌寮をはじめとして、澤山の家が建つて居て、あまり寂しいところでもなくなつたが、元はこの西行庵と直ぐ隣りにある芭蕉庵位なもので、ほかはお寺があつた位のもので、全体が寂しいところであつたやうに記憶する。[10]

と、虚子が「満州行前記」に記したように、「京都らしい閑寂さ」(吉井勇)は失われて久しかったのである。こうした変貌をまさに目の当たりしていたのが、田畑あいその人であった。

……それが五年前に火事でお座敷だけ焼け新だちになる時分、山の稚児ケ池にゆく道ができ、裏の藪が切りひらかれて十何軒かの席貸が建つたんどす。

真葛ケ原には珍しかつた自動車が、ぎようさん来ますし、祇園閣、音楽堂と、けつたいなもんが建つて、あんまり〔の〕変り方に、昔知つといやす人はびつくりおしやすえ。[11]

繰り返すならば、「昔知つといやす人にあんまりな変り方」、これが随筆のサブタイトルであった。

……さう云へば真葛ケ原など、云ふものが残つてゐて、高台寺からあの電車通りへかけてひろい野つ原で、ところ〳〵大木が繁つてゐて、その中に一軒風流な構への小料理屋があつた。或る時私は

(10)「満州行前記」(高濱虚子『定本　高濱虚子全集　第十四巻』毎日新聞社、一九七四年)三六〇頁。
(11)前掲、注1。

その料理屋で幹彦君と酒を飲んだら、お酌に出て来たその家の娘らしい女が非常なる文学少女で、頭は島田に結つてゐながら突拍子もない突端的なことを云ふのでびつくりさせられたことがあつたが、その料理屋もどの辺にあつたのやらもう今日では見当も付かない(12)。

このような谷崎潤一郎の回想も、以上に述べた地理歴史の文脈のなかで読まれるべきであろう。つまり、「見当も付かない」ほどに真葛ヶ原は変貌していたのである。

ちなみに京饌寮の跡に位置するのが、先ごろ某有名格付けレストランガイドで三つ星を獲得した菊乃井にほかならない。

❖「風流懺法」その後

ところで、高浜虚子の小説「風流懺法」には、語り手の友人と思われる「阪東君」なる人物が登場する。虚子自身が「私は一月前斎藤知白君と叡山に遊び、叡山を下りてから、一足さきに京都に来てゐた知白君と一緒に一力に舞子の舞を観て『風流懺法』を書いたのであつた(13)」と述べているので、阪東君は俳人の齋藤知白であったとみてよい。

ところが、「続風流懺法」に登場する阪東くんは、「虞美人草」を構想するために滞洛し、虚子に導かれて一力に登楼した夏目漱石その人なのである。虚子は、漱石のふるまいをつぶさに観察し、その時の様子を「京都で会つた漱石氏」のなかで再現しているのだが、その描写が「続風流懺法」に活かされているのだ。つまり、阪東君は齋藤知白から漱石へと入れ替わったことになる。

実際、田畑あいは「真葛ケ原から」の末尾を次のように締めくくっていた。

「風流懺法」のお話どすか、あの時は十三どした、もう二昔どす〔。〕一力へ先生とよう一緒にお

(12)谷崎潤一郎「青春物語」(谷崎潤一郎『谷崎潤一郎全集　第十三巻』中央公論社、一九八二年)四〇〇頁。

(13)高濱虚子「京都で會つた漱石氏」(高濱虚子『定本高濱虚子全集　第十三巻』毎日新聞社、一九七三年)三六六頁。

いでやした阪東さん（我輩は猫）もお死にやしたし。

「帯はだらり」「鬐は京風」こんなことをいうてた玉喜久さんも死なはりました。松勇さんだけが吉勇と呼んでまたでてはります。そのほかのお友達の噂はちよつとも聞きまへん。私の好きな一念はんどすか、サアどうでつしやろ？

一念についてはとぼけつつ、阪東さんにあえて「我輩は猫」と注釈をくわえることで、モデルが漱石であったことを示唆している。その漱石も、大正五（一九三〇）年に亡くなっていた。歳月の流れを感じさせるむすびである。

5 京の宿

❖京に着ける夕

明治四〇（一九〇七）年四月九日から三日間、『大阪朝日新聞』の一面に「京に着ける夕（上・中・下）」と題して、夏目漱石の随想が連載された。『漱石全集　第十九巻』（岩波書店）に収録された「日記三」（明治四〇年三月二八―四月一〇日）によれば、漱石はたしかに同年三月二八日に来洛し、そして少なくとも四月一〇日過ぎまで滞洛していたようである。つまり、「京に着ける夕」はこのときに書かれたものなのだろう。

「京に着ける夕（上）」では、「京は淋しい所である」という第一印象にはじまり、「始めて京都に来たのは十五六年の昔である。その時は正岡子規と一所であつた。麩屋町の柊屋とか云ふ家へ着いて、子規と共に京都の夜を見物に出たとき……」と、子規とともに京都を訪れたときの様子が回想される。このときの漱石は、よく知られているように、教職を辞して朝日新聞社に入社した直後であり、京都帝国大学の英文科教授への着任を要請した（漱石はそれを断っている）狩野亨吉の家に宿泊していた。

（1）夏目漱石「京に着ける夕（上）」（『大阪朝日新聞』一九〇七年四月九日）、「京に着ける夕（中）」（『大阪朝日新聞』一九〇七年四月一〇日）、「京に着ける夕（下）」（『大阪朝日新聞』一九〇七年四月一一日）。

（2）夏目金之助「日記三（明治四〇年三月二八日―四月一〇日）」（夏目金之助『漱石全集　第十九巻』岩波書店、一九九五年）二九九頁。

「京に着ける夕（中）」では、

子規の骨が腐れつゝある今日に至つて、よもや、漱石が教師をやめて新聞屋にならうとは思はなかつたらう。漱石が教師をやめて、寒い京都へ遊びに来たと聞いたら、円山へ登つた時を思ひ出しはせぬかと云ふだらう。新聞屋になつて、糺の森の奥に、哲学者、禅居士と、若い坊主頭と、古い坊主頭と、一所に、ひつそり閑と暮して居ると聞いたら、それはと驚くだらう。

と、在りし日の子規との交遊を思い起こしつつ、落ち着き先とその周辺人物を語ったのであった。三月二八日付けの日記に「糺ノ森ノ中ニ宿ス」ともあるが、まさにその宿泊先こそ「京に着ける夕」のなかでは「哲学者」として登場している狩野亨吉の家にほかならない。

❖漱石、祇園に遊ぶ

再び日記を見ると、翌二九日から九日にかけて、漱石は実に精力的に京都のあちらこちらを、寺社や名所旧跡を中心に探訪した様子がうかがわれる。この記録は、日記というよりはむしろメモというべき性格のもので、断片的な情報しか得られないのであるが、そのなかでも特に目を引くのは、九日と一〇日の分であろうか。九日に漱石は高野から比叡山にのぼっており、途上で目にした（立ち寄った？）と思われる鯰《なまず》料理で著名な「十一屋」、同じく古くからの料理屋として知られる「平八茶屋」という文字が書き付けられている。さらに翌一〇日には、再び「平八茶屋（雨を衝いて虚子と車をかる。渓流、山、鯉の羹、鰻）」とあり、さらには「都踊」という語句につづいて、他筆で

ふとんきてねたるすがたやふるめかしおきてはるめくちおんいんのそのろーもんのゆーぐれにすい

たおかたにあいもせですかぬきゃくしゅーによびこまれ山寺のいりやいつぐるかねのこへしょーぎょーむじょーはまゝのかはわしはむしょーにのぼりつめ花のいたゞきどれいてみよー花ハうつろをものなれどさこそおしけれおしけれさこそいろふかみぐさ。(3)

と記されている。おまけに、「〇一力亭。芸者が無暗に来る。舞子が舞ふ」ともある。

文学史ではよく知られていることと思うが、九日の叡山行きは約二ヵ月後に連載のはじまる「虞美人草」の冒頭の描写のベースとなり、そして一〇日はこの年の三月に「風流懺法」を発表していた旧知の高浜虚子に導かれて、平八茶屋へ、そして祇園へと遊んだ記録なのであった。このときの様子を、虚子は「京都で会つた漱石氏」(4)のなかで詳しく書いているので、ここで関係する部分のみ参照しておこう。

平八茶屋で虚子は「漱石氏が折角京都に滞在してゐて寺ばかり歩いてゐると聞いた時、私は今夜せめて都踊だけにでも氏を引つぱつて行かうと思ひ立つた」。そのときに「無造作」に同意した漱石をとりあえず自分の宿（萬屋）に誘った虚子は、そこで思いがけず漱石の奇行を目の当たりにするのだが、ここでは措《お》くとし、一緒に風呂に入った二人は、「雑談をして大分長い時間」を湯殿で過ごした後、夕食を済ませ「灯火の巷の花見小路を通つて二人は都踊」へと向かう。

鑑賞後、なんとなく物足りなさそうな漱石に対し、今度は『風流懺法』の一力に行って見せうか」と誘うと、「え、行て見ませう」と応じたことから、はからずも二人は祇園を代表する貸座敷の万亭に登楼するところとなる。そして、座敷には「風流懺法」に登場した大半の舞妓が顔を見せたという。漱石は「その手に携へてゐた画家が持つやうなスケッチ帳を拡げて舞子に何かを書かしてゐた」といい、虚子はそれをある芸妓が「淋しい声で歌つた唄の文句であるらしかつ

(3) 前掲、注2。

(4) 高濱虚子「京都で會つた漱石氏」（高濱虚子『定本高濱虚子全集　第十三巻　自傳回想集』毎日新聞社、一九七三年）三六六—三七四頁。

た」と述べていることから、先ほど引用した漱石の日記にある平仮名で記された「他筆」の「京の四季」は、このときのものなのだろう

「それでい、、なか〳〵千賀菊さんは字が旨いね。」など、漱石氏は物優しい低い声で話してゐた。千賀菊といふのは『風流懺法』で私が三千歳と呼んだ舞子であつた。

多くの舞子が去つた後に残つてゐたのは、此の十三歳の千賀菊と同じく十三歳の玉喜久との二人であつた。二人とも都踊に出る為めに頭はふだんの時よりももつと派手な大きな髷に結つてゐた。花櫛もいつもよりももつと大きく派手な櫛であつた。蠟燭の焰の揺らぐ下に、其大きな髷を俯向《うつむ》けて、三味線箱の上に乗せたスケッチ帳の上に両肱を左右に突き出すやうにして書いてゐる千賀菊の姿は艶に見えた。

私達は其夜は此の十三歳の二人の少女と共に此の一力の一間に夜を更かして其まゝ眠つて了つた。暁の光が此の十三歳の二人の少女の白粉を塗つた寝顔の上に覚束なく落ち始めた頃私達は宿に帰る事にした。(5)

この日、驚くべきことに漱石は、「十三歳の二人の少女と共に此の一力の一間に夜を更かして其まゝ、眠つて了つた」、つまり「雑魚寝」を経験していたのだ。当時はまだ、お茶屋でも宿泊が認められていたのである。さてその翌日、

…私は今朝漱石氏がまだ何も知らずに眠りこけてゐる玉喜久の濃い二つの眉を指先で撫でながら、「もう四五年立つと別嬪になるのだな。」と言つてゐた言葉を思ひ出した。私は京都に来て禅寺のやうな狩野氏の家に寝泊りしてゐて、見物するところも寺ばかりであつた漱石氏を一夜かういふ処に引つぱつて来た事に満足を覚えた。(6)

(5)前掲、注4。

(6)前掲、注4。

このときの経験は、あますところなく「続風流懺法」に描かれることになるのだが、この点についてはまた別の機会に触れることにしよう。

❖木屋町の席貸

さて、こうして祇園に馴染んだ漱石は、それから数年後、また別のかたちで京花街とのまじわりを結ぶことになる。それは、これまたよく知られているように、文芸芸者として有名な磯田多佳との交遊であった。たとえば、その時の一端を伝え聞いた吉井勇は、次のように記している。

…〔多佳女は〕何しろ趣味が広いので、文人墨客に知己が多く、夏目漱石も大正四〔一九一五〕年頃入洛して木屋町の大嘉に泊つた時、「木屋町に宿をとりて川向のお多佳さんに」という前書をした、

　春の川を隔てて男をんな哉

という句を贈つている。

漱石は多佳女と気が合つて、京都に滞在中は度々彼女と会つていろいろ語り合つたらしい。私はまだ知らないが、若し漱石の日記でも残つていたならば、きつとこの時のことが書いてあるに違いない。(7)

多分に話題を呼んだこの時の滞在については、すでに多く論じられているので、ここでは別の側面から見てみることにしよう。それは、同じ文学者である近松秋江が長田幹彦に対して嫌味たっぷりに語ったうわさ話である。

「ねえ、長田君、京都には、夏目漱石が来たそうですな。何んでも三条の上の席貸へ陣どつて、毎日磯田お多佳が伺候しとるそうですよ。」

僕は別に興味もなかつたので、へえといつて酒ばかり飲んでいると、近松氏はにやにや舌なめずり

(7)吉井勇「磯田多佳女」(吉井勇『東京・京都・大阪　よき日古き日』平凡社ライブラリー、二〇〇六年)一七八―一八一頁。

しながら、

「彼は文壇の貴族だから、お多佳と趣味が合うでしょう。君は夏目の作品をどう思うですか。」

「さあ、僕は、あんまり読んでいませんからね。」

「いや、『猫』なんか全くの戯作だな。黄表紙ですよ。『草枕』はどうです。読みましたか。」

「あれは鈴木三重吉君がぜひ読めつていうんで、一応は読みましたがね。あれは夏目さんの中でもいいもんだそうですね。」

「しかし気障《きざ》だね。僕は暗に世をすねとるような、あのポーズがどうも気にくわん。あすこにどうも嘘があると思うですよ。博士号を断つたりね、西園寺さんの清談会に出席しなかつたりね、どうもありや眉唾ものだな。」

「夏目さんのものの中では何が一番いいですか。」

「さあ、僕は一向買つていないから、何がいいかね。俳文学ならむしろ高浜虚子の『風流懺法』の方が、ぐつと素直でいいと思うな。一体夏目はみんながかつぎ過ぎるですよ。僕にいわせるとそれ程の作家ではない。ボリウムがないでしょう。それにあれは金に汚い男でね。」(8)

と、まぁこんな具合に容赦がない。長田幹彦に言わせれば、近松は「穴捜しが偏執的に好き」な「ゴシップ通」ということになるのだが、ここでは引用の冒頭にある「三条の上の席貸へ陣どつて」という部分にのみ注目しておこう。というのも、長田幹彦が定宿にしていたのもまた、「三条の木屋町の西村屋」という席貸だったからであり、そこを訪れた近松秋江が次のように満足感をあらわにしていたからである。すなわち、
　秋江氏も、毎日ほとんど入り浸りであつた。氏は、夏目さんが一軒おいて下の同格の席貸にいたと

(8)長田幹彦『青春時代』出版東京、一九五二年、一一〇—一一一頁。

いうのが、何よりも御機嫌のたねで、長田君、君も全く貴族だよ。その若さで夏目を圧倒しているのは実に痛快だ。としきりにたきつける。(9)

席貸とは、いわば「一見さんお断わり」の宿といってよい。また、そこには芸妓も出入りするなど、花街とも密接なかかわりを持つ場所であった。三条上ルの上木屋町、そして四条下ルの下木屋町はつとに有名で、多くの文化人たちが馴染み、そして定宿としていたのである（この点については、拙著『京の花街ものがたり』を参照されたい(10)）。

本書Ⅱ4「紙屋川と桜橋」やⅢ3「伝説の下河原」でも登場するごとく、席貸は文学のトポグラフィと密接にかかわる京固有の旅宿であったと言えよう。

京のこぼれ話

東三本木の信楽楼

「立命館草創の地」として知られる「清輝楼」が立地した東三本木（丸太町・河原町交差点の北東に位置している）は、志賀直哉の「暗夜行路」で主人公が後に妻となる女性を見初める舞台となるなど、文学とのゆかりが深い場所でもある。そして、清輝楼と同じならびには、信楽楼という宿もあった。

信楽楼は、与謝野晶子の親友Ｔの宿で、長田幹彦、武者小路実篤、木下利玄、さらには新村出らが投宿したことで知られている。志賀直哉も、あるいは信楽楼の客であったのかもしれない。

近代文学から歴史をさかのぼると、東三本木には与謝蕪村が馴染み、後に頼山陽が「山紫水明処」という庵を結んだ町でもあった。どうやら蕪村の時代から、そこは花街というわけではないにしろ、艶のある場所であったらしいのだ。幕末の混乱期、桂小五郎が後に妻となる芸妓の幾松を見初めたのも、この地であったと伝えられている。

(9) 前掲、注8、一一二頁。

(10) 加藤政洋『京の花街ものがたり』角川選書、二〇〇九年。

6 京の酒

❖ 酒の歴史

酒は古来より日本そして世界の人々に愛され親しまれ、また疎まれ禁じられてきた。世界の酒造法のなかでももっとも古いものは、（Ⅰ）蜂蜜や果実に含まれる糖を醗酵させる方法、（Ⅱ）植物のもつ多糖類・でんぷんを糖化させる方法、であるという。このうち、（Ⅱ）については、さらに、①植物の種子の発芽による糖化作用を利用して醗酵させる方法、②人がでんぷんを嚙んで、唾液に含まれる酵素により糖化・醗酵させる方法、③植物由来のでんぷんにカビを繁殖させ糖化・醗酵させる方法、の三つがあり、とりわけ③が日本の気候風土にもっとも適したものであるという[1]。「酒」の文字は、すでに『古事記』や『日本書紀』に見えており、古くから日本においても嗜《たしな》まれていた様子がうかがえる。八世紀初頭に編纂された各国の『風土記』をみると、たとえば『播磨国風土記』（宍貝郡・庭音村）には、米飯にカビを生やして醸成する③の酒とおぼしきものが、登場している[2]。

そして奈良・平安時代になると、朝廷の官司として、宮内省の中に造酒司《みきのつかさ》がおかれ、朝廷の節

(1) 一島英治『ものと人間の文化史　一三八　麴』法政大学出版局、二〇〇七年。

(2)『日本古典文学大系2　風土記』岩波書店、一九五八年、所収。

会・神事等にあたり用いる酒や醴《あまざけ》・酢などを製造するようになる。現在、京都市中京区にある京都市生涯学習総合センター（京都アスニー）は、平安京の造酒司跡地に相当し（写真1）、昭和五三（一九七八）年の発掘調査により、倉庫跡が発見されている（写真2）。この地の東南には、豊楽院とよばれる国家的行事の際の宴会場があり、また南には儀礼用の水を汲むための御井《みい》があったという(3)。

その後鎌倉時代になると、民衆の間にも酒造技術がひろまっていく。鎌倉幕府のおかれた鎌倉では、建長四（一二五二）年に酒の販売を禁止する法令が出されたが、その際、幕府の調査により三万七二七四もの酒壺があったことが知られる(4)。一方京都においても、「東西両京」において数え切れないほど多くの酒屋が存在し(5)、しだいに酒屋への課税によって、朝廷財源を賄おうとする動きがみられるようになっていった。

そして室町時代になると、室町幕府三代将軍足利義満は、「土倉・酒屋役」とよばれる税を、京都の土倉（金融業者）・酒屋にかけることに成功し、以後、酒屋の統制を通じて幕府や朝廷の財源を確保するような支配体制がしかれるようになる。北野天満宮にのこる、有名な「酒屋交名」（応永三二～三三年）によれば(6)、四条・五条を中心に、鴨川東の清水寺・祇園社・建仁寺門前や、洛北・洛西の仁和寺門前や嵯峨谷の天龍寺・臨川寺領等、三四二軒にのぼる酒屋の存在を確認することができる。そして嵯峨谷地域の酒造業者から、やがて中世末期に著名な角倉家が勃興するようになるのである。

室町時代の京都には、五条坊門西洞院にあった「柳」屋でつくられた柳酒とよばれる名酒の存在したことが知られている。この柳酒は、やがて模倣されるようになっていき、柳屋は「大柳」

写真1　平安宮酒造司跡

写真2　倉庫の柱穴

(3) 京都市平安京創生館ガイドブック『平安京講話』京都市生涯学習振興財団編集・発行、二〇〇七年。

酒屋と称するようになるという。(7) こうしたブランド酒は、地方においても発生し、河内南部の天野山金剛寺で醸造された「天野酒」や、大和の菩提山寺でつくられた「奈良酒」・「南酒」、近江の百済寺でつくられた「百済寺」などが有名であった。

❖室町の酒宴

以上のような室町時代における酒造業者の繁栄の背景には、酒の大量消費があったと考えられる。実際、武家も公家も、たびたび酒宴を開いていたことが日記などから確かめられる。たとえば『満済准后日記《まんさいじゅごうにっき》』応永二三（一四一六）年一一月二七日条には、「二日酔」の文字がみえ、これが「二日酔」の初見であること、「二日酔い」となったのは、ときの将軍足利義持であったことがすでに指摘されている。(8) この義持は、自身が大酒飲みでありながらも、数度の禁酒令を発令した人物として知られ、またその子で将軍職をついだ義量もまた、酒におぼれて早世したと語られている人物である。(9) そして義量のあと、籤《くじ》引きにより将軍となった人物として知られる足利義教は、酒宴の場で首を落とされ、これを契機として嘉吉の乱が生じ、やがて大乱の時代へと向かうのである。

一方、公家もまた酒をよく嗜んだことは、伏見宮貞成《さだふさ》親王の記した日記『看聞《かんもん》日記』に、酒宴の記事がたびたびみられることなどから明らかである。元日や端午節句・七夕などの年中行事や、産養《うぶやしない》などの通過儀礼の際に、酒宴が開かれた。また、その際に歌舞や連歌などの芸能をともなうものも多くみられた。そしてこうした酒宴の場は、身分や序列を可視化する儀礼の場であると同時に、互いの差異を超越し一体化する融和の場として機能したのである。(10)

(4)『吾妻鏡』建長四年九月三〇日条。
(5)『平戸記』仁治元年閏一〇月一七日条。
(6)『北野天満宮史料　古文書』六二号。
(7)小野晃嗣「中世酒造業の発達」（『日本産業発達史の研究』法政大学出版局、一九八一年）。
(8)桜井英治『日本の歴史12　室町人の精神』講談社、二〇〇一年。
(9)清水克行『室町社会の騒擾と秩序』吉川弘文館、二〇〇四年。
(10)久留島典子「政と祭りの酒宴史」（小野正敏・五味文彦・萩原三雄編『考古学と中世史研究5　宴の中世—場・かわらけ・権力—』高志書院、二〇〇八年）。

このような室町時代の飲酒においてより興味深いのは、酒宴の場において嘔吐することが忌避されず、むしろ最高の余興として認識されていたという事実である。たとえば将軍義教期、将軍も臨席する酒宴の場で嘔吐を披露し場を湧かせていたのは、関白二条持基であった。彼は嘔吐しながら飲むことを、特技としていたという(11)。現代の私たちの感覚からは理解しがたい、驚くべき状況の中で、権力者たちの酒宴が展開されていたことになる。

❖伏見の酒

さて京都の酒ときいて、誰しも思い浮かべるのは伏見の酒であろう。深草を拠点として活躍した渡来人の秦氏が、稲荷大社に奉納するために造ったのがはじまりであるといわれているが、史料上明確に現れるようになるのは室町時代以降のことである。豊臣秀吉の伏見城造営による都市化により、酒の一大消費地として急速に発達した伏見は、慶長一八（一六一三）年に京都――伏見間を高瀬舟が通うようになると、いっそう酒造業を発展させていった。しかし江戸時代の酒石高は、伏見が幕府の直轄地であり、特に厳しく規制されていたことも手伝って、灘に及ぶことなく沈滞していったという(12)。

しかし近代に入ると、伏見の酒は再び急成長を遂げることになる。すなわち、関東方面へ販路を拡張するとともに、酒造組合および醸造研究所を設置し、品質改良に励んでいった。月桂冠が設立した大倉酒造研究所は、新たな防腐技術の研究をすすめ、明治四四（一九一一）年に防腐剤なしの瓶詰酒の販売を開始している。こうした流通路の拡大と科学技術の導入により、伏見酒の品質が保証され、その銘柄は全国へとひろまっていくこととなったのである。

(11)前掲、注8。

(12)遠藤金次「伏見の酒」（聖母女学院短期大学伏見学研究会編『伏見学ことはじめ』思文閣出版、一九九九年）。以下本節の記述はこれに拠る。

伏見の酒の味を支えてきたのは、これら流通路の拡大や技術革新ばかりではなく、桃山丘陵の下を流れる地下水の良質さである。昭和初期、陸軍の意向をもくんで伏見に地下鉄を敷設する計画が持ち上がったが、地下水の枯渇を憂えた伏見の人々は陸軍と折衝をし、計画阻止に成功した。しかしこうして守られてきた伏見の地下水も、近年は桃山丘陵の宅地開発の進展により、しだいに水量を減少させているという。水によって育まれてきた文化をいかにしてのこしていくか、考えるべきことは多い。

7 京菓子

❖「菓子」の歴史と「京菓子」の誕生

飴《あめ》・饅頭《まんじゅう》・団子といった和菓子から、チョコレート・ケーキなどの洋菓子に至るまで、菓子は、私たちの食生活に彩りをそえるばかりでなく、贈答などを通じ人間関係の結び目に位置する重要な役割を果たしている。このような役割を果たす菓子の歴史をひもといてみると、すでに「菓子」という言葉は、奈良時代にはあらわれている。そして平安時代の貴族社会においては、栗や柿などの木の実や果物、あるいは「雑餅」（人工の造り菓子）が、行事の場の「菓子」として食されていた。(1) 鎌倉時代に成立した「厨事類記」では、それまでの宮中における行事食としての「菓子」を、「干菓子・木菓子・唐菓子・粉餅」の四つに分類している。(2)「干菓子」とは乾菓をさし、具体的には松の実や柘榴《ざくろ》・干棗《ほしなつめ》などをいった。また「木菓子」とは、栗や橘《たちばな》・杏《あんず》・柑子《こうじ》・桃・柿など鮮果をさし、「時菓子」とも称された。「唐菓子」は、行事食の中でもとくに重視されたもので、神饌としても供された、中国もしくは朝鮮半島伝来の造り菓子のことである。(3)「粉餅」もまた造り菓子で、中国もしくは朝鮮半島伝来のものと考えられ、伏兎《ぶと》・索餅《さくへい》などがあった。

(1) 島田勇雄「『菓子』の歩いた道」（芳賀登・石川寛子監修『全集　日本の食文化　六　和菓子・茶・酒』雄山閣、一九九六年）。
(2)『群書類従』第十九輯、飲食部、続群書類従完成会、一九三二年。
(3) 前掲、注1。

室町時代になると、武家の行事食が発達するとともに、「菓子」・「点心」・「茶子《ちゃのこ》」の分類がみられるようになる（ただし、その区別は曖昧であったという(4)）。「尺素往来」には、「菓子」として「青梅・黄梅・枇杷・楊梅・瓜・茄・覆盆子《いちご》・岩棠子《いわなし》・桃・杏・棗・李・林檎・石榴《ざくろ》・梨・柰《からなし》・柿・椑・栗・椎・金柑・蜜柑・橙橘・鬼橘・柑子・鬼柑子・雲州橘等」が、また「点心」として「砕蟾糟《すいせんそう》・鶏鮮羹《かん》・猪羹・驢腸羹・笋羊羹・海老《かいろう》羹・白魚羹・寸金羹・月鼠羹・雲鱣《うんせん》羹・甚鼈羹・三峯尖《せん》・碁子麺・乳餅《しゅうびん》・巻餅・水晶包子・砂糖饅頭・餅饄饂飩《ほうとううどん》等」が、さらに「茶子」として「茘枝・龍眼・胡桃・榧実・榛《はしばみ》・栗子《くり》・梧桐子《きりのみ》・烏芋《くわい》・海苔《あまのり》・結昆布・蘋子《ぬかご》・刺薢《さしところ》・菱《ひし》・串柿・挫栗《かちぐり》・干松茸・干竹笋・乾蘿蔔・引干・苔菽《こけまめ》・興米《おこしこめ》・炙麩・油物等」がみえる(5)。その後南蛮文化の時代になると、カステイラ・金平糖・ボーロなどの造り菓子がヨーロッパから伝来した。そして江戸時代になると、砂糖の輸入が活発化し、造り菓子がいっそう発達していった(6)。

このような菓子の歴史において、京都でつくられる菓子をとくに「京菓子」と呼び習わすようになるのは、江戸時代になってからのことである。具体的には、元禄・享保（一六八八～一七三六年）の頃に、「京菓子」の名が定着してくるという(7)。ドイツ人の医師ケンペルが書き記した『江戸参府日記』によれば、元禄四（一六九一）年にケンペルが京都を訪問した際、京都は日本における手工業・商業の中心地であり、その工芸品は全国に知られていたという。ここから京菓子だけでなく、京焼・京人形・京野菜など、「京」の文字を冠する名産品、すなわち「京都ブランド」の商品の成立を読み取ることができ、背景に大坂の台頭や豪商の没落等による京都経済の構造変化があったことが指摘されている(8)。そしてこうした「京都ブランド」は、朝廷のもつ伝統や権威と結びついて形成される側面を有していた(9)。

(4) 前掲、注1。

(5)『群書類従』第九輯・文筆部・消息部、続群書類従完成会、一九三二年。

(6) 前掲、注1。

(7)『京都の歴史5 近世の展開』学藝書林、一九七〇年。

(8) 鎌田道隆『近世京都の都市と民衆』思文閣出版、二〇〇〇年。

(9) 前掲、注8。

貞享二（一六八七）年に刊行された京都案内記『京羽二重』巻六「諸職名匠」の項をみると、「菓子所」として二三軒、「粽屋《ちまきや》」として二軒の店が載せられている。このうち「粽屋」には「烏丸通新在家上ル町　道喜」とあり、戦国時代から現代に至るまで、餅菓子・粽づくりを家業として存続してきた「御粽司」川端道喜（現在は下鴨に店舗を構える）の名がみえる。一五代川端道喜の記した『和菓子の京都』によれば、(10)「御粽司」の「御」は、江戸時代の禁裏御用・御所御用に由来するものであるという。朝廷とのつながりによって発展してきた京菓子の歴史を、ここにも垣間見ることができる。同書によれば、明治の東京遷都後、御所御用をつとめてきた京菓子屋の中には商売をやめるものもあったといい、大正末期から昭和初期の洋菓子の流行、昭和の一五年戦争時の企業整理・配給制度等、その後も苦しい時代が続いた。そして戦後の復興後、京菓子業界は、大量生産に傾斜していくものと、旧来どおり家族労働による零細企業のままで経営していくものと、二つの方向性をもって現在に至っているという。その一方、明治になって茶の湯が女性にも解放され、茶道の大衆化が進んだことは、京菓子の需要をます効果をもったといい、京菓子と茶の湯とはいっそう密接なつながりを持つようになる。このようにみてくると、京菓子は、京菓子を必要とする場や人々の歴史とともに存続してきたものであるといえよう。

❖ 京菓子さまざま

京菓子のなかには、これまでみてきたような朝廷や茶の湯の文化とつながり発展してきたものばかりでなく、寺院とつながり存続してきたものも存在する。そのひとつとして、ここでは西本願寺門前にある亀屋陸奥の「松風」を取り上げてみたい。

(10) 川端道喜『和菓子の京都』岩波新書、一九九〇年。

「松風」の箱に付されたリーフレットによると、亀屋陸奥は「本願寺御用達」・「御供物司」であり、創業は応永二八（一四二一）年であるという。そして「松風」誕生のルーツに、元亀元（一五七〇）年に始まる石山合戦（織田信長と石山本願寺との一一年に及ぶ戦い）のあったこと、そのとき本願寺門徒の兵糧として、三代目大塚治右衛門春近により「松風」が創製されたこと、などが説明されている。

こうした由緒について、中世史研究者の瀬田勝哉氏は、「飢饉と京菓子」と題する論考のなかで興味深い見解を述べておられる。[11] 氏によれば、亀屋陸奥の創業年である応永二八（一四二一）年という年は、飢饉の年にあたり、京都に餓死者や罹病者があふれ、将軍足利義持が施行を行い、朝廷も「四角四鏡祭《しかくしきょうのまつり》」（疫神の災厄を払う祭祀）を行うなど事態打開に奔走した年であったという。そしてこのような創業年の状況と、「松風」に、漢方薬であるケシや、風邪や疫病に効果をもち中世において呪術性も高いと認識されていた味噌が用いられている点に注目され、「憶測すれば、石山合戦以前にも松風の前身は、非常食あるいは薬用食として実績があり、応永二八年の飢饉疫病興盛に結びつく何らかの伝承を持っていた」のではないか、との見解を示しておられる。[12]

こうした見解によるならば、「京菓子」とひとくちにいっても、朝廷や茶の湯の文化を支えてきた「京菓子」もあれば、飢饉・疫病の蔓延する都市・合戦にまみれる都市に生きる民衆の命を救いながら発達してきた「京菓子」もある、ということになろう。それぞれの誕生の背景にある歴史をも味わいながら、さまざまな「京菓子」を堪能したいものである。

(11) 瀬田勝哉『洛中洛外の群像—失われた中世京都へ—』平凡社、一九九四年。

(12) 前掲、注11、一二三頁。

執筆者一覧

（＊印編著者、執筆順）

＊　瀧 本 和 成（立命館大学文学部教授）

〔本書執筆箇所〕

Ⅰ－１、Ⅱ－３、５、６、７、Ⅲ－５

【主著】

『森鷗外 現代小説の世界』（和泉書院　1995年10月）

『明治文芸館』第Ⅰ～Ⅳ巻（共編著　嵯峨野書院　1999年11月～2004年３月）

『鷗外近代小説集』第２巻（注釈・解題・本文校訂）（共編集　岩波書店　2012年12月）

三 枝 暁 子（立命館大学文学部准教授）

〔本書執筆箇所〕

Ⅰ－２、３、４、６、Ⅱ－１、２、Ⅲ－１、Ⅳ－１、６、７

【主著】

『比叡山と室町幕府―寺社と武家の京都支配―』（東京大学出版会　2011年９月）

『京都 天神をまつる人びと―ずいきみこしと西之京―』（写真:西村豊　岩波書店　2014年９月）

加 藤 政 洋（立命館大学文学部准教授）

〔本書執筆箇所〕

Ⅰ－５、Ⅱ－４、Ⅲ－２、３、４、６、Ⅳ－２、３、４、５

【主著】

『大阪のスラムと盛り場』（創元社　2002年４月）

『敗戦と赤線』（光文社新書　2009年８月）

『那覇 戦後の都市復興と歓楽街』（フォレスト　2011年11月）

京都　歴史・物語のある風景　〈検印省略〉

2015年8月10日　第1版第1刷発行

編著者　瀧　本　和　成

発行者　前　田　　茂

発行所　嵯峨野書院

〒615-8045　京都市西京区牛ヶ瀬南ノ口町39　電話(075)391-7686　振替01020-8-40694

創栄図書印刷・兼文堂製本

ISBN978-4-7823-0554-6

上田　博・瀧本和成 編

◉明治文芸館

明治文学が発生し，展開した時代社会を，〈明治空間〉として捉え，その中で文学を読んでいこうという新しい試み。「明治空間」「明治文学」に多彩なジャンルの執筆陣が様々な角度からアプローチを試みる。

Ⅰ　新文学の機運
—福澤諭吉と近代文学—

政治・経済・文化などあらゆる面で近代化の扉が開かれた明治元年〜20年までの文学を取り上げる。日本近代文学の萌芽と成立の道程を共に辿ってほしい。

Ａ５・並製・232頁・定価（本体2300円＋税）

Ⅱ　国会開設期の文学
—浪漫主義の幕開け—

明治20〜27年頃までの文学を取り上げる。自由民権運動，国会開設要求と政治への関心が高まりを見せたこの時期，先人は西洋の文化をどのように受容し，新しい文学を創造していったのだろうか。

Ａ５・並製・224頁・定価（本体2300円＋税）

Ⅲ　日清戦後の文学
—新文芸の胎動—

20世紀を目前に，様々な主義・現象が交叉・雁行したこの時代。それらの文学に与えた影響もまた，大きなものがあった。日清戦後の文学を取り上げる。

Ａ５・並製・224頁・定価（本体2300円＋税）

Ⅳ　20世紀初頭の文学
—「明星」創刊とその時代—

日本近代文学が個性的な開花をした明治30年代，1900年４月に創刊した美術文芸雑誌「明星」を中心に詩歌・小説・評論を取り上げる。時代の青春の息吹を感じてほしい。

Ａ５・並製・232頁・定価（本体2000円＋税）

Ⅴ　明治から大正へ

明治から大正へ。日本の社会・文学・人心はどう動いたか？　研究者の論文と文芸事典を配した，シリーズ最終巻。

Ａ５・並製・244頁・定価（本体2450円＋税）